稳定币
数字金融的未来

高华声　林雅恒◎著

STABLECOIN

THE FUTURE OF DIGITAL FINANCE

格致出版社　上海人民出版社

前言 稳定币的"ChatGPT 时刻"

2025 年，美国国会推动稳定币监管法案落地，成为稳定币发展史上具有里程碑意义的节点。这一立法不仅为全球稳定币行业确立了明确的合规路径，也标志着加密金融资产从"边缘实验"迈入主流金融体系的关键跃迁。过去十年间，加密货币长期处于"炒作工具""监管灰地带""技术创新"三种定位的拉扯中，广泛面临公众信任危机与政策不确定性。然而，稳定币作为锚定法币①、用途清晰且在支付和储值领域已有广泛应用的数字资产，悄然在金融、贸易、支付、财政甚至公共政策层面占据重要地位。

我们不妨把这个转折点比喻为区块链行业的"ChatGPT 时刻"。如同 ChatGPT 将人工智能从封闭的科研圈带入千家万户、激发了新一轮生产力革命，稳定币监管的正式落地也极有可能将

---

① 为行文便利，本书将法定货币（fiat currency）简称为"法币"，指的是由国家或地区的政府授权中央银行发行、并由法律规定其作为法定支付手段的货币。它不像金银等贵金属那样具有天然价值，其内在价值完全依赖政府信用，一般由国家的中央银行（如中国人民银行、美联储）发行和调控。

区块链带入全新的"制度型嵌入"的阶段。ChatGPT 是 AI 从"演示"走向"工具"的分水岭；而 2025 年，则可能是区块链技术从"资产投机"走向"国家金融基础设施"的转折点。

随着合规稳定币的发展提速，其潜在价值也被重新定义：不再只是交易所中的撮合中介，更是跨境支付的基础通道、现实世界资产（RWA）映射的价值锚定物，甚至可能成为社会福利支付、财政拨款、央行数字货币试点之间的中间桥梁。例如，合规稳定币有望简化对账与清算流程，降低支付成本，提升跨境交易效率，同时也为"可编程货币""智能合约财政支出"等创新政策提供技术落地可能。

在这一转变的背后，是全球多个地区监管态度的明显分化与政策实验。例如美国稳定币监管中的"联邦—州"协同机制初现雏形，PayPal、Visa、Circle 等主流金融与科技企业积极参与试点；而中国香港则推出《稳定币条例》，借助港元稳定币打通数字金融生态，有机会打造人民币国际化的前沿试验田；新加坡则通过其金融管理局（MAS）主导的"金融科技监管沙盒"，鼓励现实世界资产、支付链路和链上身份系统与稳定币深度结合。

这不仅是一场加密技术的竞赛，更是全球货币秩序和金融治理结构的博弈——"美元 vs. 比特币"单一焦点正向"美元 vs. 稳定币 vs. 数字法币"三足鼎立格局演变。这场博弈将决定下一个十年全球资本流动的路径、公共财政的效率边界，乃至货币主权的重新划界。

因此，本书不仅将回顾稳定币从 2014 年 Tether 创立，到 2020 年 DeFi 热潮，再到 2022 年 Luna/UST 崩盘的跌宕起伏，也将深入分析各类稳定币（法币抵押型、加密资产抵押型、算法型）的设计逻辑、底层机制与风险点。此外，我们将系统梳理稳定币基础设施（包括发行方、钱包、结算层、合规层、链上治理机制等）如何构成未来数字金融体系的操作系统，尝试从制度、技术与地缘政治三重维度，回答如下问题：

- 稳定币是如何从"流动性媒介"演化为"链上资产管理协议"的？

- 哪些经济体和机构将在稳定币全球规则博弈中掌握话语权？

- 美国的稳定币相关法案对全球金融监管框架有何示范意义？

- 中国香港能否借稳定币之机成为人民币出海的"数字中枢"？

- 中国应如何在"防范风险"与"制度创新"之间把握平衡？

- 稳定币将如何挑战美元主导的国际支付与清算系统？是否可能在发展中国家形成"非美元替代方案"？

本书的数据与案例来源包括CoinMarketCap、CoinGecko、Messari、VisaOnchainAnalytics、Aave、Compound、香港证监会、Circle、Tether、PayPal等权威信息平台与机构官方发布的资料，同时参考了国际货币基金组织（IMF）、国际清算银行（BIS）、金融行动特别工作组（FATF）、新加坡金融管理局等国际组织与主要金融监管机构发布的相关文件。

本书既是一份加密世界的制度分析手册，也是一份理解未来金融秩序演化趋势的前线记录。对政策制定者、金融机构、投资人与技术从业者而言，稳定币的"ChatGPT 时刻"已然到来——它不再是"投机者的金矿"，而是"制度改革者的工具箱"。

当然，稳定币的发展仍面临诸多挑战：技术安全、金融监管、反洗钱合规、货币政策干扰等问题不可忽视。**本书特别提醒读者在实际应用、投资或开发中，严格遵守所在地区的虚拟资产法律法规，避免误入灰色地带或违规操作。**

未来属于敢于构建新秩序者，而稳定币，或许正是数字金融秩序的起点。

目录

第1章　去中心化的务实变革：稳定币的起源与发展　　*1*

1.1　比特币走向"支付工具"的失败尝试　　*1*

1.2　技术驱动：从"加密朋克"到"金融乐高"　　*3*

1.3　填补链上与链下的结构裂缝：稳定币的诞生　　*6*

1.4　何以得名"稳定"币：稳定币的定义　　*9*

1.5　稳定币十年进化简史　　*12*

第2章　稳定币全景图：类型与运行机制　　*16*

2.1　数字货币时代的"银行票据"：法币抵押型稳定币　　*16*

制度回声与信用逻辑／USDT：全球最具影响力的稳
定币／USDC：稳定币制度化范式的代表／其他法币
抵押型稳定币概览

2.2　去中心化的可信任代码：加密资产抵押型稳定币　　*46*

DAI：加密资产抵押型稳定币的范式构建者／USDe：
衍生品驱动的"链上合成美元"

2.3　去中心化货币政策的实验场：算法稳定币　　*65*

AMPL：基于弹性供给模型的"自适应货币"实验／

Basis：最早的"去中心化央行"算法实验／UST：算法稳定币的高光与崩塌／FRAX：从算法实验到全抵押稳定币的制度转型／算法稳定币的挑战与未来

2.4　应运而生：收益型稳定币　　　　　　　　　　　　　　83

数字时代的货币市场基金再现：收益型稳定币的兴起／利率型收益：稳定币在链上的核心盈利路径／算法机制内部的激励性收益／交易所和CeFi平台的资产配置选择／稳定币衍生品与期权交易收益／收益多元化对稳定币发展的影响

第3章　基础设施：稳定币的系统架构　　　　　　　　　93

3.1　发行者：从"代币工厂"到金融基础设施建设者　　93

现有的稳定币发行方：垄断与转型并存／香港沙盒计划中的新兴稳定币发行者："港元加密化"赶潮人／其他稳定币发行者：支付巨头、银行与科技企业的竞逐

3.2　托管方与合规服务商：稳定币生态的信任背书者与风险防火墙　　　　　　　　　　　　　　　　　99

托管方的角色与机制设计：锚定价值的"守门人"／合规服务商：KYC/AML的外部专业赋能者

3.3　流动性提供者与交易平台：稳定币流通的发动机与终端接口　　　　　　　　　　　　　　　　103

中心化交易所（CEX）：流量枢纽与流动性的核心／去中心化交易所（DEX）：稳定币"无许可交易"的核心支点／场外交易（OTC）平台：大宗资金的"隐形管道"／持牌合规平台的崛起：香港经验的代表性样本

3.4 钱包与支付平台：稳定币的"最后一公里" 　110

钱包：稳定币的"保管箱"与支付工具 / 支付平台：
稳定币落地交易的服务提供者

3.5 结算网络（公链）：稳定币的"行驶公路"与竞逐
主战场 　114

Solana：稳定币零售支付的"链上高速公路" / Base：
美国稳定币政策落地的"本土结算层" / 以太坊主链：
逐步走向稳定币"价值结算与仲裁层" / TRON（波
场）：效率突出但面临合规瓶颈 / 其他区块链试验场：
尚难规模化破圈的多元尝试

第4章 如何改变世界：稳定币的市场应用 　125

4.1 重塑全球支付体系：从技术替代到制度挑战 　125

4.2 跨境支付的结构性瓶颈与稳定币的替代潜力 　127

4.3 作为加密货币交易的结算媒介 　130

4.4 DeFi 金融体系的核心构件与制度支柱 　133

4.5 现实世界资产（RWA）代币化 　135

4.6 稳定币重塑新兴市场金融生态 　139

第5章 作为挑战者：稳定币对传统金融和货币政策的
影响 　143

5.1 稳定币冲击传统金融 　143

5.2 传统金融机构的应对与合作路径：从抵抗到融合 　146

支付巨头：嵌入支付系统，重塑清算与交易网络 / 传统
银行：切入基础设施提供端，重构"链上信任锚" / 科

技公司：打造"货币—场景—身份"的闭环链路／以开
放心态拥抱"协同演化"

5.3 稳定币对货币政策传导机制的影响 *157*

"断裂"货币政策传导链／"架空"本币金融主权／央
行的三种应对策略／倒逼货币政策思维范式转变

第 6 章 作为被挑战者：稳定币面临的困局与考验 *165*

6.1 威胁国家货币主权 *165*

6.2 去中心化带来"监管真空" *167*

6.3 合规性与运营管理的双重挑战 *169*

6.4 灰色产业隐忧 *172*

第 7 章 稳定币治理：创新与监管的博弈 *174*

7.1 稳定币的野蛮成长 *174*

7.2 主要经济体的监管实践 *176*

美国：金融创新与美元霸权的"双重工程"／欧盟：
统一监管体系，推动稳定币与数字欧元并轨／中国香
港：打造"虚拟资产之都"／新加坡："监管＋沙盒"，
灵活审慎的稳定币治理模式

7.3 数字金融"紧箍咒"：稳定币合规监管的核心议题 *188*

稳定币的金融属性界定：证券、支付工具还是银行负
债／储备资产管理标准：资产安全 vs. 利差归属／跨境
监管协调：货币主权 vs. 数字金融开放／消费者保护与
危机处置：技术透明与法律兜底并重／数字金融逻辑
下的制度重塑

第 8 章　美元稳定币的商业版图：三个案例　　193

8.1　Tether 与 USDT：填补加密世界的美元空白　　193

先发者优势：实现"美元资产上链" / 与 Bitfinex 交易所深度绑定 / 踩点山寨币牛市，实现新兴市场扩张 / 成为链上基础设施核心构建者 / 遭遇监管风暴，启动"信任重建工程" / 盈利能力：稳定收益与弹性扩张的双轮驱动 / 稳定币巨头的战略转型与多元化进击

8.2　Circle 与 USDC：打造"可监管的链上美元"　　205

创业起点：从支付平台到加密金融服务商 / 转型关键：从多元集团到专注稳定币 / USDC 的制度优势与技术生态 / 标准化的"利差 + 技术服务"盈利模式

8.3　特朗普家族与 USD1：政治权力和数字货币的勾连　　213

从反对者到发行人："加密总统"的转向 / WLFI 公司成立，紧密绑定"美元数字化" / USD1 的长期空间

第 9 章　稳定币市场的蓝海　　218

9.1　金融新基建跃迁：稳定币市场现状　　218

迈入高速扩张期 / 币种双寡头格局形成 / 锚定资产高度集中于美元 / 主流公链分享市场 / 交易活跃度、链上结算能力持续提升

9.2　谁主沉浮：多元格局下的共存博弈　　225

9.3　预见数字货币生态的未来　　228

稳定币与央行数字货币"双轨"并行 / 超越支付：稳定币市场天地广阔

第 10 章　"数字布雷顿体系"：稳定币重构全球金融秩序　*233*

　10.1　传统金融体系：旧秩序的裂隙　*233*

　　美元霸权的确立与延续 / 美债危机：霸权根基的金融裂缝

　10.2　稳定币与数字美元生态：新秩序的可能与代价　*236*

　　"链上美元"的金融地缘价值 / 美债：稳定币背后的"数字黄金" / 应对全球去美元化的"战略反击" / 美元稳定币扩张：系统性风险的代价 / "数字布雷顿体系"的可能：阳谋中的"美元复兴"

第 11 章　从防御到布局：稳定币时代的中国行动　*246*

　11.1　监管先行：中国应对加密货币冲击　*246*

　11.2　香港试验田：稳健开放的稳定币发展路径　*251*

　　数字化传统资产：金融市场的结构性升级 / 离岸人民币稳定币：扩展全球支付与融资能力 / 技术外溢效应：为内地区块链应用创造正外部性

　11.3　内地路线图：稳步审慎推进数字稳定币　*254*

　　推进立法：为数字货币的规范化奠定基础 / 选定特定区域做试点：推动区域创新与金融协同 / 推动支付系统升级迭代：构建多功能数字货币生态

结语　稳定币的金融革命，尚在黎明前夜　*266*

　　稳定币是"美元"的新皮肤，还是新世界的基底 / 监管不是终点，而是重塑的开始 / 稳定币不是加密行业的"辅助产品"，而是金融未来的先行者

第1章 去中心化的务实变革：
稳定币的起源与发展

1.1 比特币走向"支付工具"的失败尝试

2008 年 10 月 31 日，中本聪（Satoshi Nakamoto）在密码学邮件列表中发布论文《比特币：一种点对点的电子现金系统》（也被广泛称为"比特币白皮书"），其中开篇便写道："一种纯粹的点对点版本的电子现金，将允许用户直接互相付款，而无需通过金融机构。"2009 年 1 月，比特币（Bitcoin）作为全球首个加密数字货币发布，其底层架构基于区块链技术，目标是构建一种无需信任第三方中介的点对点支付系统。在技术实现上，比特币无需银行账户即可进行跨境转账，实现"自我主权"金融服务，且可以 7×24 小时运行、交易不受国界限制，具备强韧的系统可用性。比特币的供应总量恒定（2100 万枚），可以抵御法币超发风险，理论上具有抗通胀功能。这使得比特币很快吸引了技术极客、自由主义者以及投机者的关注，其"去中心化＋抗审查＋稀缺性"的叙事迅速传播。2010 年 5 月 22 日，一位名叫拉兹洛·

汉耶茨（Laszlo Hanyecz）的程序员在美国佛罗里达用10000个比特币购买了两份披萨，总价值约25美元。之后，不仅这笔交易被载入区块链历史，这笔交易发生的那天也因此被称为"比特币披萨日"（Bitcoin Pizza Day）。它是比特币首次作为现实支付手段被使用的例证。

然而，随着比特币价格在随后的十余年间飙升，这次交易也成为一个广为流传的"反面教材"，因为以2025年年中比特币的价格高点（约10万美元）计算，这顿披萨的代价超过10亿美元。很显然，这笔交易的双方没有真正"对价格波动做好准备"，使用比特币进行支付的用户可能最终为"放弃了未来巨额增值"而追悔不已。这件小事反映出一个重要问题：比特币的价格并不稳定，无法胜任现实世界中的货币角色。

中本聪希望比特币能像现金一样"日用"，但现实中，比特币极端的价格波动和稀缺的发行机制诱导用户倾向于"持有"，而非"花掉"。比特币叙事从"支付革命"彻底转向"资产多元化工具""全球流动性收缩的对冲资产"——它不再是用于买咖啡的"电子现金"，而是用于抗通胀的"数字黄金"。甚至，在某些极端情形下，比特币被用作国家战略博弈筹码，而非普通用户的民间货币。例如，萨尔瓦多"法币化"比特币，即政权博眼球与美元霸权的对抗，并未实现底层民众使用的根本改变。在经济学中，如果一种货币更适合储藏价值，而不适合交易，则它难以维持货币流通体系所需的"交易媒介"功能。因此，虽然比特币从设计上希望替代法币成为点对点支付工具，但其剧烈波动的价格特性使之更像是一种高风险的金融资产，而非通用货币。

事实上，这也是此类加密货币的一个显著特征。买家害怕"花出去的比特币（或者其他高波动的加密货币），明天可能升值10%"，卖家则担心"收进来的比特币，明天可能贬值20%"。因此，合同、计价、记账、薪资结算都难以基于比特币进行。

比特币社区并非对上述变化无动于衷，也曾尝试通过技术升级来应对。例如，通过隔离见证（SegWit）减小交易体积，提升吞吐效率；通过"闪电网络"（Lightning Network）搭建"链下通道"来解决微支付与实时交易问题；通过 Taproot 升级增强隐私性与脚本功能，优化智能合约能力。然而，由于普通用户操作门槛高、网络维护节点少、通道资金分配不均等原因，这些技术方案始终未能大规模落地。更关键的是，用户自身已不再期望用比特币支付。在熊市时囤币"等涨"；在牛市时观望"再涨"，比特币逐渐丧失了交易属性，变成了长期储值工具。这些尝试反而印证了比特币支付功能的不可行，反过来强化了对稳定币作为支付工具的现实需求。

1.2　技术驱动：从"加密朋克"到"金融乐高"

加密资产研究机构 Messari 曾将加密货币的发展历程概括为三大阶段，每一阶段都揭示了其"理想与现实"之间的张力。从2017 年开始，加密金融系统的应用场景快速扩展，也间接催生了对稳定币的刚性需求。

第一阶段（2009—2012 年）是理论货币期，或者称为"加密乌托邦的理想主义"阶段。这一阶段始于比特币白皮书的发布和区块链作为技术共识的形成。加密货币的定位仍然是"去中心化电子现金",强调对传统金融体系的超越与替代。此时的加密社区由密码学家、极客、自由主义者组成,追求金融隐私与主权,带有浓厚的反建制情绪,视银行系统为腐败代表、比特币为"去信任革命"的象征。比特币仅在极小众圈层流通,用户主要通过邮件、点对点(P2P)网络进行交换,没有主流金融介入;不过,由于无商业模型支撑,缺乏交易平台、钱包、基础设施配套,比特币转账体验差,价格波动剧烈。这段时期的加密货币,是一种政治姿态的延伸,更像是"加密朋克"的精神标志,而非实际使用的货币。

在第二阶段(2013—2017年),投机氛围兴起,区块链变成一种金融资产。2013年起,随着中国等市场的大量用户进入,加密市场开始迈向金融化,交易所(如Mt.Gox、OKCoin)、钱包(如Blockchain.info)、媒体(如CoinDesk)等基础设施兴起。此时的关键词不再是"支付",而是"赚钱"与"投资"。比特币的价格从2013年的100美元飙升至2017年底的2万美元,引发全球关注。2017年,"首次代币发行(ICO)①潮"爆发,仅一年内就有超过2000个项目通过ICO融资,总额超过60亿美元。项目方希望投资者可以用一种稳定的数字货币认购,而不是用波动剧

———————

① 首次代币发行(initial coin offering,ICO)是一种通过区块链技术募集资金的方式,被广泛用于加密货币和区块链项目的早期融资。ICO类似于传统金融市场中的首次公开募股(IPO),但它不依赖于监管机构批准,而是由项目方直接向公众发行代币以换取加密货币(如比特币、以太币)或法币资金。

烈的以太币或比特币。稳定币作为锚定单位，使得募资更具可预期性。

到了第三阶段（2018 年至今），加密系统进入了制度化与模块化的时代。2018 年之后，随着 ICO 泡沫破裂，市场开始向更理性、基础设施更完善、合规性更强的方向发展。去中心化借贷、交易所、保险等协议（如 MakerDAO、Aave、Uniswap）实现了资金流动的自动化编排，形成链上"金融乐高"。"可视化资产"与"数字所有权"概念火爆出圈，进一步丰富了链上经济形态。灰度基金、Visa 等传统巨头开始参与加密市场，进一步提升了加密货币行业的合法性。但是，DeFi 协议 ①（如 Compound、Aave、Uniswap 等）大量需要链上资金池的稳定币资产，以作为借贷抵押、交易对、流动性基础。没有稳定币，DeFi 系统几乎无法正常运作。以 USDT、USDC、DAI 为代表的稳定币逐步得到市场的广泛使用，成为加密金融活动的核心资产，构建了"链上美元"流通网络。美国、欧盟、中国香港、新加坡等地陆续制定加密资产与稳定币监管草案，试图将加密系统纳入现有监管框架。

这一阶段的加密生态已高度模块化，不再局限于比特币，而是形成了由"稳定币 +DeFi+ 钱包 +NFT"构成的链上金融网络结

---

① DeFi 协议（decentralized finance protocols），即"去中心化金融协议"，是构建在区块链上的一类无须依赖传统金融中介（如银行或券商）即可提供金融服务的智能合约系统。它们允许用户直接在链上进行借贷、交易、资产管理、签订衍生品合约等操作，通常运行在以太坊等支持智能合约的公链上。典型的协议包括借贷协议（Aave、Compound）、去中心化交易所（Uniswap）、衍生品协议（dYdX、Synthetix）、保险协议（Nexus Mutual、InsurAce）等。

构，以美元稳定币为核心清算资产。也就是说，区块链技术在可编程金融上打开了巨大空间，而稳定币成为这个系统中不可或缺的"数字美元底层设施"。

1.3　填补链上与链下的结构裂缝：稳定币的诞生

在加密货币市场发展的早期，交易活动主要集中于中心化交易所（CEX）与场外交易（OTC）市场。用户如果想用法定货币（如美元、人民币）买入比特币，需要完成一个双重操作流程。一端是传统金融账户系统，即由银行托管的法币账户；另一端是链上加密资产系统，即由区块链地址控制的比特币或其他代币。这两者是完全独立的记账体系，彼此之间没有技术互通，也不存在自动清算机制。这种分离结构可类比于传统股票交易中"资金账户"与"证券账户"的割裂，需要通过交易所或清算公司进行桥接。

加密资产基于公链账户系统运行，每一笔资产的所有权和流转均在区块链账本上公开记录。而法定货币则依赖于受国家监管的商业银行账户体系，属于"封闭数据库"的模式。用户若想将区块链上的比特币变为现实世界中的美元，通常需要将比特币转入中心化交易所，卖出换取 USDT，再从交易所将 USDT 兑换成美元，并提出到银行账户。这个过程在技术、合规与结算上都存在诸多不确定性与延迟，尤其是在多个国家和地区开始对加密货币交易所实施账户封锁之后，银行账户逐步退出加密场景，交易链路被迫断裂。

正是在这种现实困境中，锚定法币价值的稳定币作为一种"链上美元镜像"应运而生。从结构上看，稳定币的出现并非意图颠覆现有金融体系，而是为了解决加密资产与法币体系的账户隔离和智能合约无法调用银行账户这两大问题。

首先，它将原本只能在线下银行账户中存在的法币资产，映射到链上，以智能合约兼容的方式运行，带来了两个根本性变革。一是币币交易对的建立，打通了链上生态闭环。传统加密资产的交易对主要是币—法币对（如 BTC/USD、ETH/USD），这需要频繁进出银行账户。而以稳定币为基础的交易对（如 BTC/USDT、ETH/USDC）不仅摆脱了对银行清算体系的依赖，还使交易所内部系统得以"完全上链"，提升了效率与可扩展性。交易变得可以 24 小时、无中断、高效率、低成本地完成，极大拓宽了加密货币市场的流动性边界。二是提升了交易所的资金效率与合规灵活性。对于中心化交易所而言，引入稳定币交易对带来了多种好处。用户无需进出银行账户，即可完成价值储存与币种转换。法币端暴露减少，有助于回避部分监管冲击。系统性清算风险降低，提升了交易撮合效率。资金留在平台内循环，增强了黏性与锁仓能力。

其次，在智能合约逻辑中，合约只能识别和调用区块链账户中的资产数据。由于传统银行账户中的法币资产无法被链上调用、引用、结算或编程操作，这就极大限制了合约的功能边界。而稳定币作为区块链原生资产，具备三大特征：可组合性，即可嵌入其他合约；可调用性，即支持自动结算、抵押、借贷；可衡量性，具备相对稳定的价格基准。这使得稳定币成为整个 DeFi 世界的"价值基准单位"与"程序化资产锚"。例如，在 Uniswap 上所有交易对都以 USDC 作为基准池；在 Aave、Compound 上，稳定币是最主要的存贷抵押物；在链上资产管理中，许多协议以 USDT 或 USDC 为清算单位——其实际角色几乎等同于传统金融体系中的"美元"。

Tether 公司正是在此背景下，于 2014 年推出了全球第一个广泛流通的稳定币——USDT。其核心承诺是"每一枚 USDT 背后都有 1 美元等值储备"，并可随时兑换。尽管其透明度一直受到质疑，但由于其高流动性、易获得性和广泛交易所支持，USDT 迅速成为"币圈美元"的事实标准。尽管 USDT 在审计透明度、储备构成等方面长期遭遇质疑，其治理结构也颇具争议，但它满足了市场最核心的需求：可用、便宜、快速、无需银行的"链上美元"。Tether 也因而一跃成为全球稳定币市场的绝对龙头，截至 2025 年 6 月，USDT 的流通市值已突破 1500 亿美元，超过许多国家的货币基础量。

稳定币不是偶然出现的产物，而是全球金融结构变迁、技术进步、监管真空三者共同催生的必然结果。它不仅是一个币圈工具，而且是一个连接全球、重塑清算秩序的新型货币形态。稳定币是一种基础设施型资产，将链上资产的价值表达统一锚定在"链上美元"标准上，从而成为连接不同资产、账户、合约与应用的共同语言与价值坐标系。这也解释了为什么即便在技术层面存在争议（如 USDT 透明度问题），市场仍用脚投票，选择稳定币作为交易基准与资金中枢。稳定币的崛起，本质上是一种由市场需求驱动的"制度外金融创新"。

当比特币代表着"去中心化理想主义"，稳定币则成为"去中心化务实主义"的旗手。它既是对传统货币功能的补充，也可能成为美元霸权的数字延伸——或对手。

1.4 何以得名"稳定"币：稳定币的定义

稳定币是一类特别设计的加密货币，其核心目的是保持币值相对稳定，以应对传统加密资产如比特币、以太币等剧烈波动的价格特性。稳定币通常通过锚定某种低波动资产（如美元、欧元、黄金、人民币等）实现其价格稳定，因而得名"稳定"币。稳定币的发展为区块链世界带来了"低波动性价值尺度"的可能，成为数字资产体系中最具广泛用途和现实落地性的工具。

从技术层面看，稳定币可以被视为区块链上的低波动价值表达形式。稳定币和比特币、以太币一样运行于区块链网络上，是一种通过分布式账本技术发行与流通的加密代币。区块链的不可篡改性、可编程性、点对点转账能力和全球无障碍传播，使稳定币具备透明、开放、抗审查和高效等特征。例如，以太坊上的 ERC-20① 稳定币可以被无缝集成于去中心化交易所、借贷协

①　ERC-20 是以太坊区块链上一种最常见的代币标准，全称是 Ethereum Request for Comments 20。它是由以太坊开发者费边·弗盖森（Fabian Vogelsteller）于 2015 年提出的一个技术提案，用于规定如何在以太坊上创建可互操作的代币。ERC-20 确保不同项目发行的代币可在钱包、交易所、DeFi 协议中自动兼容，无需单独适配。目前，大多数主流代币，如 USDT（以太坊版本）、LINK、UNI、SHIB 等，都采用 ERC-20 标准。类似地，TRC-20 和 BEP-20 分别是在 TRON 和币安智能链（BNB Smart Chain）上发行可替代型代币（fungible token）的标准协议。

议、跨链桥 ① 等多种金融应用中。目前多数稳定币发行于以太坊、Solana、TRON 等主流公链，并逐步向 Layer 2② 和其他新型链扩展。无论其部署在哪条链上，稳定币本质上都是一个在链上流通的代表现实价值的"凭证"，同时借助智能合约构建其发行、赎回、交易、风控等机制。

从金融属性看，稳定币是连接现实资产与链上生态的数字信用工具，兼具传统金融工具和加密资产的双重特征。它不像比特币那样因具备强烈的价格波动性而不适合作为支付媒介，也不同于法币那样完全由主权国家背书和监管发行，反而更像一种结合了"银行承兑汇票""电子现金""可编程金融合约"的数字工具。稳定币可以作为结算单位、交易媒介、价值存储工具，在跨境支

---

① 跨链桥（cross-chain bridge）是一种连接不同区块链网络，实现资产、信息或状态跨链转移与交互的技术设施。基本功能是将一种资产"锁定"在原链上，并"铸造"出其等值表示物（通常是锚定代币）在目标链上流通使用。通俗地说，它就像区块链世界中的"高速公路立交桥"或"机场中转通道"，打破各条链之间的孤岛状态，使用户可以从链 A 把资产带到链 B 使用，并实现链间互操作性。典型的跨链协议包括 LayerZero、Wormhole、Axelar 等。

② 在区块链中，"Layer 1"和"Layer 2"是两个非常核心的概念，用于描述区块链系统的基础架构层级和扩展解决方案。Layer 1 是指区块链的基础主链本身，例如比特币、以太坊、Solana 等。主链承担交易处理、共识、数据存储等"底层职责"，安全性高，但性能和扩展性有限（特别是以太坊等早期链）。Layer 2 是构建在 Layer 1 之上的扩展解决方案，用来解决 Layer 1 扩展性差、手续费高的问题。常见的 Layer 2 项目包括以太坊的 Arbitrum 和 Optimism 及比特币的"闪电网络"。Layer 2 的功能主要是将交易"打包"后上传主链，减少主链负担，以提供更高的吞吐量和更低的成本。但是 Layer 2 仍然依赖主链提供的最终安全性（通过定期提交证明到 Layer 1）。

付、数字金融交易、资产对冲、储值增益等场景中展现出极强的实用性。因此，它被视为加密生态系统中最接近传统金融工具的"基础货币"。

一个权威定义指出，稳定币是指基于区块链技术发行，锚定单一或一组低波动参考资产（如法币、商品等），可用于支付、清偿、投资、储值的加密数字资产，其核心功能是维持币值相对稳定，并由发行方承担等值赎回责任。由此可见，稳定币相对于当前其他加密资产的特征显著。

稳定币最重要的现实意义是成为加密世界与现实世界价值体系之间的重要桥梁。一方面，稳定币使得用户可以在去中心化生态中便捷地进行价格稳定的价值存储和结算；另一方面，它也为机构投资者、跨境贸易商、金融科技公司等提供了绕过传统支付体系、提高资金流动效率的新工具。相比于传统支付网络（如 SWIFT、Visa），稳定币在效率、透明度、可组合性上具备优势，已成为全球范围内数字支付和合规加密金融的重要基础设施之一。

尽管稳定币和比特币的技术基础相似，但是两者在设计理念和应用逻辑上截然不同。比特币强调去中心化、总量限制和抗审查，主要被视为"数字黄金"或风险资产；而稳定币则强调价格锚定、兑换便利和交易效率，更多被用作"交易媒介"或"储值凭证"，是区块链系统中最贴近货币职能的工具。

概言之，稳定币是实现传统金融功能与区块链技术融合的代表性产品，是加密生态的重要基石，也是数字货币时代迈向主流支付体系的重要一步。

1.5 稳定币十年进化简史

稳定币作为连接传统金融与加密货币生态的关键中介资产，自 2014 年起逐步演化为数字金融世界的"美元底层协议"，不仅推动了加密交易市场的扩张，也成为新兴市场规避资本限制、追求金融稳定的重要工具。从初创试验到全球金融科技布局，稳定币的演化轨迹折射出金融数字化、货币数字化趋势的深刻变革。

2014 年到 2016 年是稳定币的萌芽阶段。2014 年 11 月，Tether 公司推出了全球首个法币锚定型稳定币——USDT。其创新之处在于，以"1 USDT = 1 USD"的承诺，通过美元储备作为资产背书，在链上生成可自由流通的代币。这一模型解决了早期比特币与以太坊交易中"缺乏稳定计价单位"的问题，极大降低了加密交易的进入门槛与操作风险。尽管在当时市值尚不足千万美元，但 USDT 的出现标志着"链上美元"雏形的诞生。其主要功能是充当交易所中的法币替代物，满足用户"在链上持有、转账和交易美元"的需求。

2017 年到 2021 年，稳定币进入爆发期。2017 年，数字货币市场迎来第一次全面牛市，以比特币为代表的加密资产价格暴涨。稳定币需求快速增长，Tether 通过与三大主流交易所（Bitfinex、币安、火币）的对接，将 USDT 嵌入币种交易对体系，使其成为大多数交易对的"计价基准"，进一步巩固了 USDT 的"链上美元"地位。此时稳定币开始成为加密交易的核心基础设施。2018 年，Circle 与 Coinbase 联手推出 USDC，强调审计透明度与合规注册路径〔在美国财政部金融犯罪执法网络（FinCEN）下注册为货币服务企业（MSB）〕，为法币抵押型稳定币设立了新标准。USDT 和 USDC 之间的竞争也使得"储备审计、合规身份、透明机制"成为稳定币市场的核心议题。这期间，稳定币的功能不断拓展，从交易媒介扩展为跨境资金流动工具（规避资本控制）、稳定存储工具（抗击本币贬值）和 DeFi 金融协议的抵押资产与交易对。截至 2021 年底，全球稳定币总市值已达 1630 亿美元，成为链上金融的关键基础资产，其中 USDT 与 USDC 的市占率合计超过 85%。

但是，2022—2023 年间，稳定币遭遇了信任危机，进入动荡调整期。2022 年 5 月，Terra 生态的算法稳定币 UST 在无抵押叠加算法调节机制失效的背景下迅速崩盘，价格在五日内从 1 美元跌至 0.04 美元。这一事件不仅导致近 400 亿美元市值灰飞烟灭，还令整个算法稳定币赛道蒙上阴影。DeFi 生态遭遇严重信任危机，投资者开始质疑"非足额抵押"的稳定币机制。2023 年 3 月，美国地区银行危机再次冲击稳定币市场。USDC 发行方 Circle 因 33 亿美元储备资金被冻结于硅谷银行，引发 USDC 短暂脱锚至 0.88 美元。尽管最终恢复兑付，但事件凸显了即便是"高透明、合规"的稳定币也无法完全规避传统金融体系的风险传导。这两起事件推动稳定币市场进行制度性反思，储备资产从企业存款向短期美债回流，储备结构向流动性更高、风险更低的资产倾斜。市场从"创新机制"回归"审慎信任"原则。

2023 年底以来，随着全球加息周期接近尾声，链上交易回暖，稳定币市场逐步回升，迎来复苏，并进入了应用场景破圈的结构性扩张期。截至 2025 年 6 月，全球稳定币市值已超过 2500亿美元，重回历史新高。其中，USDT 占据 60% 以上的市场份额，USDC 次之，且两者均呈现出储备结构更透明、监管路径更清晰、应用场景更多元的趋势。在此阶段，稳定币市场的透明机制也逐步深化，多数主流稳定币开始公布每日或每周的储备结构，并引入第三方审计（如德勤、Grant Thornton）。此外，USDC 等稳定币发行方开始将储备资产投向在美国证券交易委员会（SEC）注册的短期美债基金，推动链上资本与现实世界资产（real world assets，RWA）互通。Stripe、PayPal、Robinhood 等金融科技公司纷纷布局稳定币生态，亦推动了稳定币成为全球支付、清算的基础工具。稳定币的应用场景在这些年间逐步深化，特别是在 Web3.0、跨境支付、新兴市场数字化银行、供应链金融等领域的应用大幅增长。2024 年全年，稳定币链上交易量突破 5万亿美元，用户数突破 2 亿，表明其作为"链上美元"的市场接受度已经超出早期币圈边界，正在成为全球金融体系的重要支付结算工具。

纵深来看，从最初的交易撮合工具，到今天的全球链上支付网络，稳定币的应用路径大致经历了三大演变。第一阶段是作为交易撮合与对冲工具，成为加密货币交易所内提供稳定报价的单位，避免资产价格波动带来交易风险。第二阶段是应用于跨境支付与合规清算，在外汇受限或清算体系薄弱的新兴市场，作为快速结算、低费用的美元替代支付工具。第三个阶段中，稳定币成为 DeFi 和现实世界资产的桥梁资产，充当去中心化借贷、去中心化交易所、流动性"挖矿"中的主流资产，进一步成为"链上国债"体系的资金入口。

回顾稳定币十多年来的发展历程，可以看到这是一个技术创新、制度演化与场景应用不断融合的过程。它从一个试图规避银行监管的替代品，演化为各国央行和金融机构密切关注的"美元数字替身"，也正在成为全球货币秩序与支付体系重构的重要变量。未来，在全球监管日益统一、链上金融应用不断拓展的背景下，稳定币有望成为下一代数字金融体系中最具战略地位的资产类型之一。

第 2 章　稳定币全景图：类型与运行机制

2.1　数字货币时代的"银行票据"：法币抵押型稳定币

制度回声与信用逻辑

在稳定币快速发展的浪潮中，法币抵押型稳定币（fiatcollate-ralized stablecoins）已然成为当前最主流、最成熟的稳定币类别。其背后的逻辑并非源于去中心化算法或自动调节机制，而是构建在一种经典的信用安排之上：链下资产托管与链上代币发行之间的一一对应关系。简言之，这种稳定币的运作机制是：由中心化发行机构预先准备等值法定货币资产，如美元现金、短期美债等，再按 1:1 的比例发行稳定币，允许用户在链上自由交易、转账，甚至兑换回原始法币。

这种 1:1 锚定的设计不仅提供了价格稳定性，更创造了一种类似"金融合约"的兑付承诺，从而在技术上解决了加密货币世界长期面临的"波动性高、价值锚不清"的问题。这种基于现实资产构建的链上信用结构，本质上是对传统金融体系中"银行票据"制度的数字化重现。未来随着制度设计、监管框架与技术基础的不断成熟，稳定币或将在新一轮全球金融演化中，承担起连接链上与链下、私人与国家、虚拟与现实的重要桥梁角色。它既是对历史逻辑的继承，更是数字货币时代的一次深度重构。

历史回声：从国家银行票据到"链上美元通证"

19 世纪中后期的美国国家银行票据制度正是这一稳定币机制的制度前身。彼时的美国联邦政府，为了重建内战后的货币秩序，授权合规银行在抵押美国国债的基础上发行自身票据，作为法定货币的补充形式。这些银行票据在全美流通，可用于缴税和商业支付，其信用来源于两点：一是背后的资产支持（国债）具有法律强制性和价值稳定性；二是发行银行的合法资质与兑付义务。

这与当下 USDT、USDC 等法币型稳定币的运行逻辑极为相似。这些法币型稳定币依赖中心化机构（如 Tether、Circle 等）在链下托管美元资产，并发行对应数量的链上通证。用户虽然无法直接接触这些储备资产，但在透明披露与托管审计机制下，市场建立起对其"1:1 兑换承诺"的广泛信任。Tether 定期发布储备构成报告，Circle 则主动接受美国相关机构的监管和会计审计，这些操作实际上等价于过去银行票据时代的"储备证明"。

现代稳定币的"三重信任机制"

在今日数字金融的语境中，稳定币能否维持"价值锚"与"流通性"并存的双重目标，关键在于其能否构建起以下三重信任机制：

一是信用主体的履约能力。这是稳定币信用的第一道防线。发行机构是否拥有足够的风险管理能力、资产负债管理机制，以及应对市场波动的预案，直接决定其在赎回高峰期是否具备兑付能力。Circle 在 2023 年硅谷银行暴雷后宣布动用自有资金填补 USDC 储备缺口，并迅速恢复市场信心，便是一例有效履约的体现。

二是储备资产的透明管理。稳定币若无可信的资产支撑，1:1 承诺便形同虚设。因此，储备资产必须在受监管的第三方机构处托管，并接受持续性审计。例如 Circle 的储备资产由美国持牌银行和托管行负责，并每月披露资产构成，包括美元现金与期限短、流动性强的美债。相较而言，Tether 在早期因信息披露不足而屡遭质疑，体现出透明度对信任建构的关键性。

三是流通场景的生态整合能力。稳定币不仅要"值钱"，更要"能用"。USDT 和 USDC 能成为全球加密货币交易对的主流计价单位，背后所依靠的正是它们在交易所、DeFi 协议、钱包服务、跨境支付等各类应用场景中的广泛接入与集成。用户不会反复核查其是否有美元支撑，但他们会评估这枚代币"在哪些场景里通用"，正如 19 世纪的人们选择能被当地商铺接受的银行票据一样。

稳定币的集中化趋势与系统性特征

截至 2025 年 6 月，全球法币抵押型稳定币的总市值已突破2000 亿美元，占据全类别稳定币总发行量的 85% 以上。其中仅Circle 和 Tether 两家机构便合计掌控了超过 80% 的市场份额，显现出极强的双寡头格局。这样的集中化带来了两种后果：

一方面，增强了市场的基础稳定性与支付效率。USDT 和 USDC 作为"链上美元"的代表，已经成为 DeFi、加密交易所、链上支付、真实世界资产挂钩的主要清算单位，扮演着事实上的"美元数字替代品"。

另一方面，也引发了潜在的系统性风险隐忧。如果 Tether 或 Circle 中的某一方因合规、流动性或监管问题而失信，就极有可能引发整个加密市场的连锁反应，正如在 19 世纪银行票据危机中，一家大银行破产会导致区域性金融恐慌。因此，当前稳定币治理的核心议题之一，便是如何在制度设计中强化储备合规、信息透明、兑付机制与多元机构分散，防止形成单点脆弱性。

USDT：全球最具影响力的稳定币

在全球稳定币生态中，USDT 堪称最早走向规模化应用的产品，也是目前市值最高、交易最活跃、生态覆盖最广的稳定币。自 2014 年由 Tether 公司推出以来，USDT 便以其锚定美元、跨链兼容、流通性强等特征，成为"链上美元"的事实标准，并在全球数字金融中扮演着"加密世界中央清算单位"的核心角色。

制度架构：中心化治理与链上发行的混合模式

Tether 公司由 iFinex 设立，注册地为英属维京群岛，总部位于新加坡，其母公司还运营知名交易所 Bitfinex。USDT 的发行机制采用了"链下储备—链上发行"的混合模式，即每一枚 USDT 的背后，都对应着现实世界中托管账户中的 1 美元或等值资产。这种制度安排虽然本质上是中心化的，但依托区块链平台的可编程性、可审计性和跨境流动性，将传统法币的"信用边界"推向了全球链上空间。

其代币发行与赎回机制采用闭环逻辑：用户将美元转入 Tether 托管账户后，Tether 通过智能合约生成等值的 USDT，并上链进入流通体系；用户赎回时则反向操作，发送 USDT 至 Tether 的指定地址，Tether 销毁该笔代币并返还等值美元。整个过程中，每一笔代币的"诞生与消亡"都可在区块链上追踪，而背后的储备管理则通过链下资产托管与审计机制维持兑付信用。

技术架构：多链并行的全球兼容平台

USDT 的技术架构展现出极强的适应性与拓展能力，其核心特征是"多链分布式发行"。这一架构打破了稳定币绑定单一链的传统模式，围绕性能、费用、兼容性与生态需求，选择在多条区块链上进行并行发行与流通，形成了一个高度灵活、去中心化、多层次的全球稳定币兼容平台。截至 2024 年底，USDT 已在 200 多个区块链协议上部署，覆盖了主流 Layer 1、部分 Layer 2 网络以及新兴的高性能公链，构建出一个广泛可达、跨链互通的稳定币生态系统。这一多链策略不仅提升了系统弹性和交易效率，也为不同地域、不同用户群体提供了个性化使用路径，推动 USDT 成为真正意义上的全球数字货币基础设施。

USDT 最初运行于比特币网络之上，采用 Omni Layer 协议 [①] 实现嵌套发行。这种方式通过在比特币主链上创建元数据交易，

[①] Omni Layer 协议是一个构建在比特币区块链上的第二层协议（Layer 2），旨在为比特币网络添加更多功能，特别是用于发行、转账和管理数字资产。Tether（USDT）最初就是基于 Omni Layer 发行的。

实现 USDT 的发行、转账和销毁操作。Omni 利用比特币网络的安全性作为底层保障，在早期稳定币发展阶段起到了奠基作用。然而，Omni 协议的局限性也逐步显现。比特币链本身的吞吐量（transactions per second，TPS）较低，确认时间较长，且交易成本较高，严重限制了其在高频交易、微支付和 DeFi 应用场景中的适用性。随着以太坊等高性能平台的崛起，Omni 上的 USDT 的流动性逐年下降，逐渐被边缘化。2023 年底，Tether 官方正式宣布停止在 Omni、BCH-SLP 等链上的新增发行与支持，标志着 USDT 从"比特币兼容"走向"多链适配"的全面转型。

以太坊是 USDT 的第二大技术平台，也是开放金融的主阵地，其基于 ERC-20 代币标准的版本被广泛用于 DeFi 协议、NFT 市场、去中心化应用（DApp）以及中心化交易所之间的清算流通。以太坊良好的智能合约支持、广泛的生态适配性以及稳固的技术社区，使其成为 USDT 在欧美地区及机构用户群体中的首选版本。在 DeFi 爆发期（2020—2022 年）中，USDT 被广泛用作借贷抵押、去中心化交易所流动性池资产、收益农场中的结算货币，是 DeFi 市场的"稳定锚"。但随着以太坊网络的交易费用持续高企（Gas 费①波动大、拥堵严重），USDT 逐渐面临使用成本高的问题，这反过来推动它去寻找更多低成本链进行补充部署。

---

① Gas 费（Gas fee）是指用户在使用区块链网络（尤其是以太坊等智能合约平台）时，为了执行交易或智能合约操作而支付的手续费。可以将其理解为"交易过路费"或"计算资源的使用费"。Gas 是一种衡量计算量的单位，不是货币，而是一种计量单位。Gas 费支付给"矿工"（PoW）或验证者（PoS）作为"处理交易"的奖励，是保障网络正常运转、防止垃圾交易泛滥的重要机制。

TRON 区块链以其低成本、高速确认的特性，迅速成为 USDT 发行量最大的链之一。基于 TRC-20 标准的 USDT 在东南亚、中东、非洲等地区尤其受欢迎，被广泛应用于跨境汇款、OTC 场外交易、灰色支付渠道等场景。TRON 的成功也体现了 USDT 多链战略中的"地域适配性"思维：在以太坊主导欧美市场的同时，TRON 则主攻新兴市场，以更高性价比解决金融基础设施薄弱地区的"数字美元可达性"问题。截至 2024 年，TRON 链上 USDT 的日均转账笔数远超以太坊，成为链上稳定币支付最频繁的网络之一。

除了传统公链，USDT 还逐步布局高性能新兴链。例如 Solana 具有高吞吐量（6 万以上）和低延迟特性，使其适用于 NFT 交易、链游、实时支付等对速度要求极高的场景；Avalanche 以"子网 + 高并发 +EVM 兼容"为特征，适合机构用于构建专属金融链；Algorand 强调稳定性与最终性，广受中美洲金融项目欢迎。这些新链的集成，使 USDT 拥有极强的技术适配与扩展能力，能够满足从高频 DeFi 交易到低成本小额转账的各种需求，并逐步打入 Web3.0 应用、现实世界资产映射、链上机构结算等新兴领域。

通过多链并行策略，USDT 实现了可达性、安全性、抗风险性三个系统性优势。无论用户使用哪一类钱包、哪一个交易平台、哪一种协议，都能快速找到支持 USDT 的链上版本。在某一条主链发生网络拥堵或受到攻击时，USDT 可以通过快速切换至其他链维持正常使用，从而提升支付与交易系统的可靠性。多链部署为中心化交易所与去中心化交易所之间的价值转移、GameFi

与 DeFi 之间的融合提供了天然桥梁，增强了整个区块链生态的连接密度。

运作机制：五步闭环构建"链上美元通证"

USDT 作为当前全球市值最大、使用最广泛的法币抵押型稳定币，其核心优势不仅在于跨链兼容与流动性优势，更体现在一套高度标准化、透明化、制度化的代币发行与兑付机制上。这一机制完整覆盖了从法币注入、USDT 生成、链上流通、用户赎回再到代币销毁与返现的全过程，构建起一个"链上美元通证"的闭环运行体系。整个机制可分为以下五个关键步骤，每一环节不仅具有明确的资产支撑关系，也具备链上数据记录与链下审计同步的操作规范，确保了整个系统的"信任闭环"与"清算闭环"：

第一步，法币入金——"链下美元"注入"链上账户"。用户（包括个人、机构或交易所）若希望获得 USDT，须首先通过传统银行体系，将美元或等值法币汇入 Tether 公司指定的托管账户。这些账户通常设于多家受监管的银行或第三方托管机构，用于集中存储发行 USDT 所需的储备资产。Tether 作为发行方会在确保资金到账无误、身份合规后，触发下一步的"铸币"流程。这一环节的关键，是确保"1 枚 USDT=1 美元储备"的发行前提成立，构建 USDT 信用体系的第一道"信任门槛"。

第二步，代币铸造——中心化发行触发链上生成。在资金确认入账后，Tether 公司会通过对应区块链的智能合约，生成等值数量的 USDT，并将其写入用户绑定的钱包地址。此过程通常由多重签名控制的铸币合约执行，确保资产的生成严格依照链下资产规模执行。铸造完成后，这部分 USDT 立即具备链上流通能力，其交易记录被记录至所选链的分布式账本中，具备可验证性与不可篡改性。目前，铸造最多的链为 TRON（TRC-20）与以太坊（ERC-20）。这一过程体现的是链下资产的"数字化映射"逻辑：每一笔稳定币的生成，都必须有现实中的资产托底，并接受公众监督与链上记录。

第三步，链上流通——去中心化自由交易与组合使用。一旦 USDT 生成完毕，用户可自由将其用于各类链上交易，如点对点转账、中心化交易所买卖、DeFi 协议抵押借贷、NFT 支付、游戏内结算、现实世界资产投资等。这一环节是 USDT 最大的应用场景，也是其被称为"链上美元"最直接的体现。这一阶段强化了 USDT 作为通用支付媒介与交易清算单位的角色，是其成为"全球数字美元基础设施"的核心支点。

第四步，用户赎回——触发中心化销毁流程。当用户希望将手中持有的 USDT 兑换为实际法币（如美元）时，可以向 Tether 公司发起赎回请求。根据官方流程，用户需将 USDT 汇入 Tether 提供的特定"销毁地址"，同时提交相关身份认证材料及银行账户信息，以完成从链上到链下的转化。Tether 将对赎回者身份进行 KYC（know-your-customer，即识别客户）和 AML（anti-money laundering，即反洗钱）审查，并确认资金来源的合规性。这一流程通常适用于机构投资者或大型场外交易方（OTC Desk），普通用户大多通过交易所的"USDT/法币"市场完成间接赎回。这一环节确保了 USDT 的兑换承诺得到执行，进一步巩固了其锚定稳定性。

第五步，代币销毁与返现——完成"链上—链下"闭环。在收到用户发送回来的 USDT 之后，Tether 会通过智能合约执行"销毁操作"（burning function），将这部分代币从区块链总量中"永久抹除"，防止系统内产生虚假流动性。销毁完成后，Tether 会从其托管账户中划出等值法币，汇回用户所提供的银行账户。这一步骤标志着 USDT 完整生命周期的闭环结束。销毁机制不仅避免了市场上的"过度货币供应"，也为 USDT 提供了一种弹性供给机制——随时根据市场需求增加或减少流通量，而非固定铸造总量。

USDT 的五步闭环流程打通了"链下美元存入—链上美元通证—链下美元赎回"的全路径，构建了目前全球最成熟的法币稳定币运营机制。未来，USDT 的这一运行闭环或将成为其他法币稳定币模仿的"制度模板"，同时也将持续推动数字货币监管框架、跨链结算体系与链下金融协同治理的演进。USDT，不只是一个代币，更是一套数字时代的新型"美元本位体系"。

储备机制与合规挑战：从黑箱到"准央行级透明度"

USDT 的价值锚定机制并不依赖于算法设定或去中心化的市场平衡机制，而是完全基于其背后的"储备证明机制"：每一枚 USDT 都应由等值、真实、可赎回的法币或等价资产作为支撑。这一机制构成了 USDT 信用结构的核心支柱，是其能在全球市场广泛流通、被视作"链上美元"的根本保障。

然而，Tether 在早期的运作中并未能很好地回应市场对其储备结构的审慎关切。2017—2020 年间，USDT 的储备资产组成一度高度不透明，Tether 仅发布简要的银行证明，未能提供审计报告。尤其是，Tether 还在其储备资产中大量配置未评级或低评级的商业票据，这引发了市场对于其兑付能力和风险暴露的广泛质疑。2019 年，美国纽约州总检察长办公室（NYAG）调查发现，Tether 的实际储备在部分阶段未达到 100% 兑付比例，且其母公司 Bitfinex 曾动用储备资金补贴运营亏损。这一事件导致 Tether 被罚款 1850 万美元，并被要求加强信息披露与进行合规整改。该事件成为 USDT 历史上的重要"监管转折点"。

为了重建市场信任，Tether 自 2021 年起开始系统性重构其储备结构，并引入第三方审计制度。截至 2024 年，Tether 的储备结构发生了显著变化，呈现出明显的"去风险化"和"国家资产化"趋势。目前，其超过 70% 的储备资产为短期美债（T-Bills），这种资产高度流动、安全性高，具有与现金等价的偿付能力；10%—15% 的储备资产为现金和现金等价物，包括美国银行存款、货币市场基金等；少量储备资产配置贵金属（如黄金）与高评级商业票据，以实现多元资产覆盖；极小比例的储备资产配置加密资产（如比特币、以太币），这更多是出于战略储备与资产对冲的需要。Tether 同时宣称其储备为"超额准备"模式，即总资产价值高于市场流通的 USDT 数量，以抵御短期挤兑风险，提升偿付弹性。这一做法与传统中央银行维护货币稳定的准备金策略高度相似，体现了其向"准央行化"治理逻辑的靠拢。

在制度建设方面，Tether 开始与独立审计与会计事务所（如 BDO Italia）建立持续合作关系，每季度发布储备审计报告，涵盖总资产构成、负债状况、准备金覆盖率等核心数据。相关报告以"储备证明"形式向公众披露，并可以在官网及链上平台公开查阅。此外，Tether 还承诺逐步过渡至实时储备验证机制，即未来将提供每日资产变动报告，增强信息披露的及时性与公信力。此举如能实现，或将成为全球稳定币发行领域的监管透明度标杆。

尽管 Tether 在储备建设与信息披露方面取得显著进展，但其合规性问题并未完全消除。当前仍存在一些潜在挑战。首先是注册地选择问题。Tether 的总部设于新加坡，注册地为英属维京群岛，避开了美国本土监管体系。这一"离岸结构"虽具灵活性，但也被质疑可能规避监管审核。其次是合规边界模糊的问题。与其他合规稳定币（如 Circle 的 USDC）相比，Tether 尚未被全面纳入美国金融犯罪执法网络或纽约州金融服务部（NYDFS）的数字货币监管框架，其是否满足未来全球稳定币统一监管规则（如 FSB、BIS 框架）仍有争议。最后是受监管程度不均的问题。USDT 在全球范围内被广泛使用，其中包括一些监管较为宽松的司法辖区，这为其可能的合规套利留下空间。然而，从市场行为来看，Tether 对合规的态度已从最初的回避与被动转向主动拥抱与适度合作。Tether 的这一变化，不仅是对其过去受到的"黑箱"批评的回应，更是对稳定币作为"金融基础设施"角色的制度自觉。

网络效应与市场支配力：稳定币领域的美元霸权

截至 2024 年底，USDT 的流通市值已突破 1100 亿美元，占据全球稳定币市场总值的 60% 以上，市值规模几乎是第二名 USDC 的两倍以上，形成了稳定币领域的事实垄断。这种市场格局的形成，不仅仅是因为 Tether 公司在早期入场或得益于其技术实现，更深层的原因在于它建立起了一套难以撼动的"网络效

应 + 制度路径依赖"的市场霸权结构。

USDT 目前已在多维场景占位,成为交易、支付和结算的事实标准,以及全球 70 多家主流加密交易所(CEX)的核心稳定币,如币安、OKX、Bybit 等平台的主要交易对和账户计价单位。超过 90% 的加密货币交易对的默认报价资产,与 BTC、ETH、SOL 等主流加密资产构成高频交易对,是流动性最活跃的稳定锚。在 Uniswap、Curve、Aave、Compound 等主流 DeFi 协议中,USDT 占据核心抵押池和流动性池的主导地位。USDT 还成为 Web3.0 商业与数字支付的基础设施,广泛嵌入 GameFi、NFT 交易平台、链上工资发放、去中心化自治组织(DAO)财政管理等新兴应用场景。在中东、拉丁美洲、非洲和东南亚等美元流通受限地区,USDT 已被视为"可访问的美元"或"平民美元账户"。这种多维度的生态嵌入使 USDT 在数字金融世界中构建了高度互联的"结算网格",其影响力远超一个普通的稳定币产品,更像是加密世界里的"美元清算网络"。

与传统法币相比,USDT 的扩张并不依赖国家信用或法律强制,而是依托市场自发形成的网络效应。这种效应具有强烈的路径依赖性和马太效应:越多的用户与平台使用 USDT,其接受度越高,流动性越强;流动性越强,又进一步吸引更多新用户和新平台接入,形成自我强化的正反馈回路。USDT 拥有最广泛的钱包兼容性和最丰富的交易通道,其用户转账体验优于其他稳定币。交易所、钱包服务商、跨链桥等生态服务优先集成 USDT 版本,提高其优先级和易用性。DeFi 协议往往以 USDT 为首选稳定币基准池,开发者无需重构结构即可利用其流动性。灰度基金、

Bitwise 等传统金融衍生品服务商也默认采用 USDT 作为对冲和入金渠道，提高了其主权外资金的吸附能力。换言之，USDT 不仅构建了一个币种，更打造了一种标准协议与价值尺度，与传统美元地位相仿，却脱离了国家主权的控制。

USDC：稳定币制度化范式的代表

与 USDT 相似，USDC 是当前全球最重要的法币抵押型稳定币之一，由美国金融科技公司 Circle 与主流加密交易所 Coinbase 于 2018 年联合推出，初衷就是打造一个合规、透明、机构友好型的链上美元资产。与 Tether 更侧重市场接受度与生态兼容性不同，USDC 自诞生之日起就深度嵌入美国金融监管体系，以"白名单路径"推动稳定币的制度化发展。

在技术逻辑与操作路径上，USDC 与 USDT 保持一致。金融机构或用户将美元资金存入 Circle 指定的银行账户；Circle 对应铸造等量的 USDC 并转入用户链上地址；用户可自由转账、交易；当用户赎回美元时，将 USDC 退还给 Circle；Circle 销毁对应 USDC，并将美元汇出至用户银行账户。这一机制实现了链上与链下资产的双向映射闭环，以清晰的会计逻辑确保每一枚 USDC 背后都有实物美元资产支持。

三重优势构建制度信任：稳定币中的"合规金本位"

USDC 之所以能够在全球稳定币市场上迅速建立声誉，并持续赢得机构投资者、支付平台和政府监管者的信任，其根本原因在于它构建了独特的"合规—透明—安全"三重信任体系。这一体系不仅是其区别于其他稳定币（尤其是 USDT）的核心竞争力，也成为全球稳定币迈向制度化的样板路径。

USDC 自推出以来就强调"让资产结构站到阳光下"的原则。首先，USDC 的发行方 Circle 每月都会提供由独立第三方审计机构出具的储备报告，自 2023 年起，审计服务升级为由全球"四大"会计师事务所之一的德勤执行。这些报告不只展示总储备金额，还披露各类资产的构成比例、集中度、到期期限、流动性水平、收益率等，基本等同于银行或基金的财务披露标准。Circle 在其官网公开披露资产数据，并通过链上浏览器支持全网查询 USDC 的铸造与销毁行为，确保稳定币的发行量与储备资产动态同步，打破行业长期存在的"黑箱"质疑。在 FTX 暴雷、Terra-UST 崩盘之后，市场对"稳定币是否真的有锚定资产"的质疑声量陡然增大。USDC 的高度透明机制使其在风暴中"站住了脚"，也为其赢得了更高的机构采用率和用户黏性。

USDC 的第二个核心优势在于其资产构成极具安全性与流动性优势，构建了类央行货币的信任基础。目前 USDC 的储备中绝大多数为美国财政部 90 日以内到期的国库券，以及活期现金与隔夜回购协议，确保赎回需求可以随时得到满足。USDC 的大部分国债储备由全球最大的资产管理公司贝莱德（BlackRock）管理，并以"Circle Reserve Fund"（CRF）形式注册为受美国证券交易委员会监管的货币市场基金，进一步强化资产的合规性与独立托管能力。此外，USDC 从未持有高风险商业票据、加密衍生品、贵金属或其他波动性资产，从资产结构上避免了像 USDT 过去那样，出现商业票据与加密资产波动导致的信用危机。这种以

"国家信用 + 审计制度"为锚的资产体系，不但强化了 USDC 的信用基础，也使其在传统金融机构中具备更高的接受度。例如，Visa、万事达（Mastercard）、Stripe 等全球支付巨头均与 USDC 展开结算合作。

USDC 的第三个优势是，其法律结构清晰，并通过破产隔离保障用户权利。与部分稳定币在法律结构上的模糊性不同，USDC 是美国监管框架下的"监管原生稳定币"，其法律结构经过精心设计，具备多重保障。Circle 在美国财政部下属金融犯罪执法网络注册为货币服务企业，并获得多个州的货币转移牌照（Money Transmitter License，MTL），这等同于数字金融合规的"营业执照"。依据美国《纽约银行法》和联邦破产法，USDC 的储备资产为"客户资金"，在 Circle 发生破产时不得被列入公司资产进行清算。换言之，用户仍可直接赎回其储备美元，不受公司财务状况影响。Circle 定期发布法律意见书，由外部法律团队说明其业务结构、资金隔离、赎回权利等合规基础，便于监管机构与金融合作方审阅。这一法律结构特别受到机构投资者与跨境金融平台的欢迎，使 USDC 成为为数不多可以在金融基础设施中"合规接入"的稳定币。

通过构建透明储备机制、稳健资产结构与清晰法律边界，USDC 实现了在"去中心化"世界中建立"中心化信任"的范式转换。它不仅赢得了政府、金融机构和合规平台的广泛认同，也成为稳定币由灰色地带走向白名单机制的重要里程碑。在下一轮全球稳定币监管政策出台前，USDC 已预演出合规路径的可行性，为全球稳定币制度化提供了清晰样本。

用户管理模式：分级合规通道设计

USDC 之所以能在众多稳定币中脱颖而出，不仅依赖其透明、稳健、受监管的资产体系，还在于其独特的用户准入与管理机制。与 USDT 倾向于"开源开放、快速扩张"式的广覆盖策略不同，USDC 更注重合规底线与风险可控，因此其在设计上采用了分层式用户管理结构，构建出一个既能满足合规监管要求，又能保持流通效率的稳定币接入模式。

USDC 的用户接入逻辑可以被清晰地划分为两个层次。A 类用户能获得直接通道。这一类别的用户主要包括获得 Circle 认证的机构客户，如交易所、托管银行、支付平台、基金公司、跨境支付商等。这些机构通过 KYC、AML 审核后，可直接与 Circle 进行稳定币的铸造和赎回，即将美元注入 Circle 后，获得等值 USDC，或将 USDC 返还以兑换美元资金。该模式类似于一级市场认购，属于合规闭环内的"稳定币批发模式"。B 类用户则拥有间接通道。这一类用户包括普通散户或未认证企业用户，他们无法直接向 Circle 提交铸造 / 赎回申请，而是需通过 Coinbase、币安、Kraken 等 Circle 合作平台完成稳定币的获取或兑换。这些平台承担前置合规审查与客户识别责任，构成一个合规可控的"稳定币二级市场"。这种"机构直连 + 公众间连"的分级架构，确保了 USDC 既具备广泛的市场可达性，也能维持核心发行系统的监管审计简洁性与法务可控性。

相比一些稳定币仍处于"先做再合规"的被动应对阶段，USDC 从一开始就将 AML 与 KYC 机制嵌入稳定币生命周期。对于机构客户，Circle 实施最严格的身份审查、业务合规评估及持续风险监控，并与 Chainalysis、Elliptic 等区块链情报公司合作开展链上行为追踪。在零售用户层面，虽然普通用户多通过交易平台间接获取 USDC，但平台本身作为"受监管金融服务提供者"，需要执行本地法律框架下的 KYC 规则。如 Coinbase 对所有美国用户实行强制实名、资金来源审查等制度。此外，Circle 近年来还推出"合规可控 USDC 合约"版本，便于企业在私链或许可链环境中使用 USDC 实现清结算与会计合规。这一系列机制使得 USDC 在跨境支付、金融机构对接、Web3.0 企业合规融资中具有更高的接入门槛优势，也为其未来与政府数字货币（如 CBDC）互操作奠定制度基础。

这种用户分级体系不仅是一种监管策略安排，更是一种使用场景差异化匹配机制。A 类用户主要活跃在清算、机构托管、跨境支付、批量转账等场景，其对流动性、稳定性与合规程度有高要求，必须与 Circle 保持直接通道。B 类用户则主要对接日常支付、DeFi 投资、NFT 交易、CEX 转账等活动，对获取便捷性与钱包兼容性更敏感，适合通过交易平台等二级市场灵活参与。合作金融机构还可将 USDC 嵌入自身的 API 系统，通过 "Circle Account" 系统对接企业 ERP、支付网关或支付指令中台，实现"链上美元"的自动化处理。

Circle 通过这种"结构分层 + 接口统一"的设计，形成了一个能够覆盖广泛用户，又能精准施加合规控制的 USDC 使用网络，既提升了系统运行效率，又避免了监管穿透困难的系统性风险，实现了在全球金融监管高压环境下的稳健扩张。这一体系的成功也表明，稳定币的未来走向，将不再是"无许可自由主义"

或"匿名乌托邦"，而是制度化、模块化、可审计的数字金融网络，而 USDC 正是这一趋势下的范本之一。

制度化合规样本：稳定币走出"灰色地带"的路径范本

稳定币在其诞生初期曾长期处于"灰色地带"——既不属于传统金融机构发行的合规货币，也未完全受到加密世界的技术社区治理约束。这种模糊的制度属性，虽然曾为其带来快速增长的市场空间，但也伴随着诸多监管争议与合规风险。然而，USDC 的出现与崛起，标志着稳定币正逐步走出这一灰色空间，迈入制度化、可监管、可整合的发展新阶段。

USDC 是第一个获得美国多个州货币转移牌照并在美国财政部金融犯罪执法网络注册的稳定币。这一点与 USDT 等早期稳定币形成鲜明对比——后者多注册于海外离岸属地，尽管拥有庞大用户基础与流通体量，却始终游走于监管边缘，并曾因此遭受多起罚款与审计质疑。

在全球稳定币市场中，USDT 与 USDC 形成一刚一柔、相互制衡的双寡头格局。USDT 更具市场渗透力，依赖其在全球交易所、场外交易平台与用户钱包中的流通优势，特别是在亚洲、拉丁美洲、非洲等区域主导加密交易、跨境支付与资金出逃等"市场导向"场景。USDC 更具制度公信力，其"链上美元"定位越来越贴近"数字金融基础设施"，深受机构投资者与政府监管部门的青睐，是各类合规 Web3.0 企业、数字银行、托管平台在美元稳定币上的首选。

USDT 和 USDC 的"双寡头格局"不仅仅是市场竞争的体现，更是两种稳定币路径的博弈与共生：前者依托市场惯性与交易广度，后者依托制度建设与信用深度。可以预见，未来在技术演进与政策收紧的双重驱动下，稳定币领域的"制度化正统"将逐步取代"套利式扩张"，而 USDC 可能是最早抵达这一未来的稳定币样板。

其他法币抵押型稳定币概览

FDUSD：港系合规新星，亚洲稳定币布局的前沿代表

在全球稳定币格局由美系"双雄"（USDT 与 USDC）长期主导的背景下，FDUSD（First Digital USD）作为亚洲市场崛起的新型稳定币，试图走出一条结合地缘优势、合规治理与技术适配的差异化路径。其推出不仅回应了中国香港的成为"全球加密资产中心"的政策目标，也成为全球稳定币市场迈向多元化竞争的重要样本。

FDUSD 由 FD121 Limited 发行，其母公司为总部位于香港的 First Digital Group。该集团前身为香港的信托机构 Legacy 信托公司，2017 年重组后转型为数字资产合规托管服务提供商，致力于构建传统金融与 Web3.0 之间的信任桥梁。FDUSD 稳定币于 2023 年 6 月 1 日上线，初始部署在以太坊与 BNB Chain 上，采取法币储备支持模式，即每一枚 FDUSD 都由 1 美元等值的现金或高流动性资产支持，实现完全锚定、随时可赎。其资产由在香港注册的 First Digital Trust Limited 进行独立托管，保障储备与运营账户隔离，为市场建立资产安全与清算可预期的制度信任。

FDUSD 的最大亮点在于其合规透明的法律结构设计。所有

储备资产存放于隔离账户（segregated accounts），由受中国香港特别行政区金融监管约束的托管机构专门管理。这不仅可以防止资产被挪用，还使其在遭遇法律风险（如破产）时，用户资金可获得优先保护。同时，FDUSD 实施严格的 AML 与 CTF（反恐怖融资）审查机制。只有通过 First Digital Labs 完成 KYC/KYB 的机构客户，才能进行一级市场的直接铸造与赎回操作，普通用户则通过二级市场（如交易所）间接交易。这一架构既保障了监管合规性，也有助于吸引高净值客户与机构投资者的使用。其储备结构由现金、短期美债、回购协议等构成，流动性极强。储备数据每月由第三方会计师事务所进行审计并公开发布，这可以进一步提升市场信心。

FDUSD 的区块链部署采用多链并行策略。初期支持以太坊和 BNB Chain，2025 年 1 月起新增 Solana 版本，并宣布计划在 Sui 等新兴高性能公链上扩展。这种策略使其具备优良的跨链互操作性，便于嵌入多样化的 DeFi 协议、Web3.0 钱包与支付系统。在交易生态方面，FDUSD 的主要流通平台为币安，其流通量中超过 90% 存放在币安钱包地址中，使其具备广泛的交易所接入基础与高频使用场景。此外，Gate.io、BTSE 等交易所亦已支持 FDUSD 上线与交易。FDUSD 宣布对铸造与赎回不收取手续费，进一步压低用户使用成本，体现其"低成本、高效率"的市场定位，尤其适配亚洲地区用户在跨境支付、Web3.0 初创企业与加密投资中的强需求。

2025 年 4 月，First Digital Group 在公开媒体上受到质疑，被指资金链断裂并"即将破产"，引发市场恐慌，导致 FDUSD 出现短暂脱锚，价格最低跌至 0.87 美元（接近 13% 的偏离程度），引发二级市场大量抛售。First Digital Group 随即发表声明严正否认破产指控，并向香港特区法院提起诽谤诉讼。几小时内，FDUSD 的价格恢复至 0.98 美元，并在 48 小时内完全恢复锚定。该事件一方面暴露出当前稳定币仍受制于"舆论即价格"的情绪波动风险，另一方面也凸显了 FDUSD 拥有一定的流动性与储备响应能力，可在市场冲击中快速稳定价格。

FDUSD 的崛起表明，在稳定币竞争趋于多极化的当下，区域性与制度优势可能成为突围关键。尽管 FDUSD 仍属市场新秀，其体量与网络效应暂难与 USDT、USDC 抗衡，但其制度设计与监管背书正在为全球稳定币提供一种"非美系路径"的现实模板。未来，随着中国香港数字金融政策的推进与亚洲稳定币需求的释放，FDUSD 或将在全球稳定币格局中构筑出"制度型多极秩序"的一极力量。

PYUSD：支付巨头的"链上美元"，稳定币商业化的新范式

随着全球金融系统日益向数字化与去中心化融合演进，传统支付巨头 PayPal 也积极向加密金融领域布局，并推出其官方稳定币 PayPal USD（PYUSD），试图以强大的支付网络与合规保障，在 Web3.0 时代重塑"链上支付"的核心角色。PYUSD 的诞生，不仅意味着传统金融企业正式进军稳定币赛道，更象征着稳定币从"金融基础设施"向"商业主流化应用工具"的重要跨越。

PYUSD 于 2023 年 8 月 7 日正式上线，由 Paxos 信托公司负责发行和储备管理。Paxos 是一家总部位于纽约、获得纽约州金融服务部许可的有限目的信托公司，长期从事数字资产托管、加

密交易结算及稳定币服务，曾为 Binance USD（BUSD）等项目提供技术与合规支持。

每发行一枚 PYUSD，Paxos 都必须在储备账户中持有等值的 1 美元现金、短期美债或现金等价物，并明确储备资产由 Paxos 独立托管于隔离账户，确保在 PayPal 或 Paxos 出现破产风险时，用户资产具备破产隔离能力。此外，Paxos 定期向公众披露 PYUSD 的审计报告和储备资产构成，并通过审计公司进行月度验证，确保其"1:1 锚定"承诺具备制度化的透明验证机制。

PYUSD 最大的市场优势在于其母公司 PayPal 拥有超过 4.3 亿全球活跃用户，覆盖 200 多个国家和地区，支付接入商户网络广泛。借助这一 Web2.0 支付基础设施，PYUSD 成为第一个由全球支付平台原生支持的稳定币产品，其用途远不止链上交易或跨境支付。用户可通过 PayPal 应用程序直接购买、兑换、持有和支付 PYUSD；PYUSD 可用于 Venmo（PayPal 旗下支付平台）进行点对点转账；开放 API 支持第三方商户将 PYUSD 集成为支付方式，降低结算成本；PYUSD 还可用于兑换比特币、以太币等主流加密资产，构建"链上资产入口"角色。随着 PayPal 宣布推进区块链支付结算能力、开发 NFT 与智能合约支持模块，PYUSD 也有望嵌入更多 Web3.0 应用场景，成为链上与链下融合的桥梁型货币工具。

在稳定币普遍不产生利息、用户仅将其作为支付工具持有的传统模型中，PayPal 于 2025 年 4 月 23 日宣布为 PYUSD 持有者推出年化收益机制（收益率约为年化 3.7%），PYUSD 随即成为全球第一个具备"数字美元利息分红"特征的大型稳定币。收益以日为单位计息、每月自动结算，收益来源于储备资产所产生的利息收入（主要为短期美债与回购协议）。并且，用户无需额外质押或锁仓，即可自动获得收益，降低了使用门槛。所得收益可用于在 PayPal 生态内支付、兑换或继续持有。整体操作与我们日常所熟悉的余额宝、银行存款功能类似，能够实现用户金融行为的"无感迁移"。该机制极大提升了用户持有稳定币的意愿，有望构建出稳定币的"收益型货币"模型，在同质化严重的稳定币市场中形成差异化竞争优势。

PYUSD 的问世不仅是 PayPal 对数字货币趋势的前瞻布局，也代表了一个重要信号——稳定币正在从金融基础设施走向日常金融消费工具，从 DeFi 利基产品转向 Web2.0 大规模用户场景。与以交易所导向为主的 USDT、USDC 相比，PYUSD 是第一个以支付为核心场景、以法币收益机制为增强工具的消费型稳定币。未来，随着 PayPal 将其融入更多跨境结算、企业支付、Web3.0 电商的场景中，PYUSD 可能成为"链上美元"竞争的新变量，也为全球稳定币探索商业模式闭环提供了新的范本。

USD1：特朗普家族"链上美元"的地缘金融实验

在稳定币从"技术试验"迈向"全球货币博弈"的大趋势下，USD1 的推出显得尤为特殊——它不仅是一款锚定美元的法币稳定币，更是在特朗普政治家族加持下，将美元"链上化"与"去央行化"的一次现实演练。该项目集政治影响力、金融资本、监管突破与品牌传播于一体，是目前稳定币领域最具争议和象征意义的代表之一。

USD1 由位于美国佛罗里达州迈阿密的 World Liberty Financial

（WLFI）发行，2024 年 10 月由特朗普家族联合知名地产商史蒂夫·维特科夫（Steve Witkoff）共同创立。WLFI 不仅是金融实体，更被市场视为特朗普家族在加密金融时代对传统美元霸权的一次"私营化续写"。目前特朗普家族深度参与该项目治理。唐纳德·特朗普担任项目名誉顾问，并在多个竞选活动中为 USD1 背书。小唐纳德·特朗普（Donald Trump Jr.）、埃里克·特朗普（Eric Trump）与巴伦·特朗普（Barron Trump）分别参与公司治理、投资战略和营销推广。项目宣传口号"再造强势美元"（Make the Dollar Great Again）高度呼应其政治口号。这种高度绑定政治人物的稳定币设计，既提高了其早期的全球认知度与政治象征性，也埋下了"货币与选票"之间深度勾连的争议隐患。

USD1 属于典型的法币抵押型稳定币，在机制设计上与 USDT、USDC 类似，但在执行细节上更强调效率与可用性。每发行一枚 USD1，BitGo 托管账户中需持有 1 美元或等值资产，包括现金、美元存款、短期美债或回购协议。其目前的托管机构 BitGo 为美国合规数字资产托管商，受南达科他州信托法规监管，具备破产隔离条款，保障用户资产安全。在合规性方面，USD1 支持 KYC/AML 流程，通过 WLFI Portal 平台对用户进行身份验证和合规接入。目前，USD1 已上线以太坊（Uniswap）和 BNB Chain（PancakeSwap），在 2025 年有望整合至 TRON，增强其在亚洲与发展中市场的支付能力。此外，USD1 强调"零费用铸造与赎回"，降低了企业与机构接入门槛，具备高度可扩展性。

USD1 上线初期便获得大量关注，尤其是 2025 年 3 月阿布扎比主权基金 MGX 使用 USD1 完成对币安的一笔 20 亿美元战略投资交易，标志 USD1 从"美国本土政治货币"跃升为"国际资本结算工具"。这一事件推动 USD1 总市值突破 20 亿美元，成为全球第五大稳定币。MGX 使用 USD1 规避美元跨境支付限制，传递出"去 SWIFT 化"趋势下的新型稳定币选择。不过，USD1 也触发了监管的担忧，美国财政部与参议院部分议员开始要求审查该币是否具有金融政策影响力与地缘货币风险。

特朗普家族将 USD1 称为"数字美元霸权的救星"，试图赋予其更多的战略意义。USD1 是"链上美元化"工具，特朗普家族不仅意图在 DeFi、GameFi、Web3.0 商业支付中用 USD1 替代 USDT/USDC，还试图通过家族影响力与竞选平台推动 USD1 在发展中国家与新兴市场广泛流通。此外，在美国《指导与建立美国稳定币国家创新法案》(Guiding and Establishing National Innovation for U.S. Stablecoins Act，后文简称《GENIUS 法案》) 等稳定币监管法案的配合之下，USD1 的推出被打造为政策性支持的官方合规稳定币替代方案。

未来 WLFI 计划推出更多生态措施。例如，通过美元利息账户让持有 USD1 的用户享有链上收益分红，加强数字身份认证服务配套链上合规身份系统，与中央银行合作在拉丁美洲与东南亚进行扩张。

尽管 USD1 在市场接受度与政治传播方面极具爆发力，但其仍存在诸多争议。具体而言，USD1 的币值稳定性与政治周期挂钩，一旦特朗普家族的政治影响力削弱，就可能引发市场信心危机。此外，美国国内政治的变化也可能影响 USD1 的政策地位，甚至可能以"金融武器化"理由被封杀。在国际金融合作中，极具美国政治色彩的 USD1 同样或难以获得多边支持。

USD1 的崛起是稳定币发展史上的一次"制度混合实验"——它既融合了合规机制、美元锚定与区块链效率，又高度依赖家族资本、政治传播与监管博弈。这是一种金融创新与权力资本深度耦合的新范式。如果说 USDT 是"交易主导的链上货币"，USDC 是"制度化监管下的美元代币"，那么 USD1 正在试图成为"政治主导下的美元数字化工具"。

TUSD：实时审计驱动的链上"合规型数字美元"

在稳定币日趋制度化、技术趋于自动化的大背景下，TrueUSD（TUSD）以其对"程序化审计 + 铸币控制"的极致追求，确立了自身在加密货币市场中"高透明度、高信任度"的稳定币品牌形象。它既是 DeFi 生态中的重要流动性工具，也被视为稳定币市场制度进化路径上的探索样本。

TUSD 最初由 Trust Token（现更名为 Archblock）在 2018 年推出，立项之初即致力于解决 USDT 等早期稳定币存在的"储备金黑箱""审计机制不透明"等顽疾。其核心定位包括：完全法币抵押支持、储备金与发行量动态匹配和程序控制铸币机制，铸币行为受链上验证约束，确保不会"超发"，主打高透明度与高合规性的"稳定币 2.0"代表。这一定位使得 TUSD 不仅是交易所和钱包的"安全偏好型"稳定币选择，也被广泛应用于 DeFi 借贷、跨境支付、资产避险等合规敏感场景中。

TUSD 在技术架构上充分融合链上机制与链下审计手段，构建出一套高度自动化、可验证的稳定币信任系统。其核心技术特色有三个。首先是 Chainlink① 储备证明机制。自 2023 年 2 月 22 日起，TUSD 成为首个全面接入 Chainlink 储备证明系统的主流稳定币。铸币前，TUSD 智能合约会实时调用 Chainlink 的储备证明数据源，自动比对"已发行 TUSD 数量 + 本次铸造请求"是否超出储备金总额，若超限，则自动阻止铸造行为，确保链上代币始终等值于链下美元资产。该机制完全去中心化，无须人工干预，确保合规性执行内嵌于技术系统中。其次是实时审计系统。2023 年 3 月，TUSD 宣布与专业审计机构 The Network Firm 达成合作，构建了"24 小时不间断的自动审计服务"。审计频率为分钟级别刷新，在官网对外公示，报告包括美元资产的账户信息、银行托管状态、资产结构等。所有储备数据与发行量数据在链上可查，与网页展示同步更新，可以有效防止资产挪用、账实不符等系统性风险。最后是程序化安全控制。与 USDT、USDC 等由发行方手动审批铸币请求不同，TUSD 的铸造过程由智能合约自动执行，全流程嵌入"资产证明验证 + 权限控制"逻辑，实现从"人治"到"码治"的稳定币治理升级。

TUSD 虽未能在市值与使用规模上与 USDT、USDC 形成对等竞争格局，但在特定市场和场景中拥有良好的应用基础。截至 2025 年 6 月，TUSD 的市值约为 35 亿美元，在稳定币市值排名

---

① Chainlink 是一个连接区块链与链下世界的预言机（Oracle）协议，通过去中心化网络机制，为智能合约提供链下数据接入（如金融市场价格、天气、体育赛事结果等）、链下事件触发（如支付到账、物流签收等）、链间通信等。区块链本身无法直接访问链外数据。智能合约如要"知道"ETH/USD 的价格、某地的天气、某只股票的涨跌，必须依赖预言机。

中位列前十。目前 TUSD 已经与 Aave、Curve、Balancer 等主流 DeFi 协议集成，提供稳定币借贷与流动性池。币安、OKX、火币等平台已经提供 TUSD 交易对，币安曾一度主推 TUSD 作为"零手续费交易稳定币"。由于其高度合规性，TUSD 在南美与东南亚地区被中小支付平台广泛采用，用于规避本地货币波动和跨境汇率损失。TUSD 正积极部署新链支持（如 Arbitrum、Base、Optimism）、探索与现实世界资产结合的资产对冲模型，以期在未来强化其在链上金融生态中的桥梁角色。

TUSD 尽管在合规性、透明度与技术控制方面具备显著优势，但仍面临一些结构性制约。在网络效应强烈的稳定币赛道中，USDT 与 USDC 占据了大部分交易对和流动性资源，TUSD 在全球散户与机构中仍知名度偏低。尽管审计频次高、机制透明，但若单一服务商出现问题，则仍存在审计信任的集中风险。TUSD 缺乏大规模支付场景背书，目前尚未形成如"PayPal+PYUSD""Coinbase+USDC"般的大规模商业闭环。

EURC：合规驱动下的欧元稳定币探索路径

EURC（原名 Euro Coin）是由知名金融科技公司 Circle 推出的一款以欧元为锚定资产的法币抵押型稳定币，于 2022 年正式上线。该项目旨在弥补当前稳定币市场中过度依赖美元锚定资产的结构性短板，为全球用户提供一个以欧元计价、合规透明、链上可用的数字支付与清算工具。

作为 USDC（全球第二大稳定币）的发行方，Circle 拥有成熟的稳定币发行与监管合规经验。在 EURC 模型中，每一枚 EURC 的发行都由 1:1 的欧元现金或以欧元计价的短期政府债券作为储备支持，托管于受监管的金融机构账户中，以保障其完全可赎回性与资产透明性。Circle 还引入了 Chainlink 储备证明系统，确保链上用户能够实时审查 EURC 储备的充足性与安全性，增强市场信任。

在操作层面，EURC 支持双层用户体系。机构用户可通过 Circle Mint 平台实现 1:1 铸造或赎回 EURC，但在此之前需完成 KYC/AML 审核，铸造时将欧元汇入托管银行账户，系统自动生成对应的 EURC；赎回时则通过销毁 EURC 并转账返还欧元。普通用户则可通过 Coinbase、Bitstamp 等中心化交易平台，或通过 Uniswap 等去中心化协议，在二级市场买卖 EURC，实现自由流通与交易。

EURC 的推出正值多个宏观政策变化窗口交汇之时。一方面，美元稳定币在全球加密生态中长期占据主导，但美元在利率波动、跨境结算效率方面的问题，以及非美国家对货币主权的重视，使得市场对欧元计价稳定币的需求上升；另一方面，Tether 在 2023 年主动退出欧元稳定币市场，并于 2024 年 1 月宣布"全面终止"对旗下 EURT 的支持，用户被要求在 2025 年 11 月前赎回所有持有的 EURT，为 EURC 打开市场空间。更为重要的是，欧盟的《MiCA 法案》于 2024 年 6 月正式生效，为稳定币合法运营提供明确框架。EURC 率先完成合规对接，有望成为首批获得 MiCA 批准的"电子货币代币"，在欧洲范围内合法推广。

不过，EURC 的发展仍面临挑战。美元依然主导大多数 DeFi、中心化交易所交易对与跨境支付需求，欧元稳定币在生态应用上处于边缘地位。与美元资产相比，欧元计价资产的利率普遍较低，导致 EURC 缺乏吸引资金流入的"收益驱动"。

总体来看，EURC 是稳定币合规化、区域多元化的重要探索成果之一。其未来前景取决于欧洲加密生态的发展速度、DeFi 对非美元资产的整合能力，以及 Circle 在全球合规推进与应用场景拓展上的战略执行力。

2.2　去中心化的可信任代码：加密资产抵押型稳定币

加密资产抵押型稳定币（crypto-collateralized stablecoins），是一种通过在链上抵押主流加密资产（如比特币、以太币、LST 等）来发行，并由智能合约控制其生成、流通和清算的稳定币类型。其目标币值通常锚定美元，目的是在不依赖任何中心化机构或法币银行账户的前提下，构建一种"链上自主发行"的数字货币形态。

此类稳定币的设计初衷，是在传统金融机构无法接入或不可信的情况下，为 DeFi 生态提供一种"无需许可""抗审查"的稳定价值媒介。它所强调的不是"信任银行"，而是"信任代码"。换言之，加密资产抵押型稳定币希望用可审计、自动化的合约逻辑，替代中心化金融系统中对法币储备和托管机构的信任结构。

这一类稳定币的代表是 MakerDAO 发行的 DAI。自 2017 年上线以来，该稳定币逐渐成为 DeFi 世界中使用最广泛的去中心化稳定币之一。

DAI：加密资产抵押型稳定币的范式构建者

DAI 是当前最具代表性的加密资产抵押型稳定币，由去中心化自治组织 MakerDAO 开发与管理，运行于以太坊区块链之上。与以法币资产为支撑的中心化稳定币（如 USDT、USDC）不同，DAI 完全依托链上智能合约实现发行、流通与清算，构建出一个无需信任单一机构，具备高度去中心化、抗审查性与透明度的"链上美元"体系。

系统架构与治理模式：去中心化的"货币央行"

DAI 稳定币的系统架构基于 Maker 协议，该协议本质上构建了一个"去中心化的货币发行系统"，其治理结构与功能分工类似于传统金融体系中的中央银行，但完全通过区块链上的智能合约实现自动化操作，不依赖任何中心化机构。Maker 协议不仅承担 DAI 的发行与回收职能，还对整个系统的风险进行监控与调节，是 DeFi 世界中最早具备"自主货币政策"功能的协议模型。

Maker 协议的核心治理力量来自其原生代币 MKR 的持有者。MKR 持有者通过链上治理平台参与对系统关键参数的投票与决策。这些参数包括但不限于：抵押资产的接纳标准与权重，决定哪些加密资产可以作为抵押物进入协议系统；最低抵押率（minimum collateralization ratio，MCR），设定用户借出 DAI 所需的最低抵押水平，一般为 130%—175%，以保障系统超额担保；稳定费用（stability fee），相当于利率，借用 DAI 的用户需按年化比例支付此费用；清算罚金（liquidation penalty），当抵押仓清算时，协议收取的额外罚款，用于缓冲清算风险；DAI 存款利率，赋予用户将 DAI 存入储蓄合约后获得的年化收益，激励用户持有 DAI 并参与系统稳定机制。MKR 持有者既是治理者，也是系统风险的"最终承接者"。在极端市场条件下，若系统性清算导致 DAI 储备不足，协议可通过增发 MKR 代币融资弥补缺口。因此，MKR 持有者有强烈的动机维护系统稳定，避免币值脱锚与信用危机。

在资产结构方面，DAI 于 2017 年启动时为单一抵押模型，仅支持用以太币作为抵押物。尽管这一设计简单透明，但在极端行情中抗风险能力较弱。为增强系统的抵御能力与流动性供给弹性，自 2019 年 11 月起，MakerDAO 推出了多抵押版本，逐步引入多种链上资产作为抵押物，包括去中心化资产［如包裹式比特币（Wrapped Bitcoin，wBTC）、基本注意力币（Basic Attention Token）、Chainlink、Decentraland 等］和中心化稳定币（如 USDC、GUSD、USDP 等）。每一类抵押资产的引入都必须经过社区提案、风险评估、链上治理流程的"三步走"，以确保其流动性、波动性、黑天鹅风险等因素被充分考量。资产通过评估后，相关参数如债务上限、抵押率、清算机制也需由 MKR 持有者共同设定。

这一治理架构实现了"货币稳定目标"与"市场化风险管理"的动态平衡：当市场剧烈波动或抵押物大幅贬值时，Maker 协议可迅速调整抵押率与稳定费用，以调控 DAI 的供应与市场需求，起到类似中央银行加息或降息的货币政策效果。

总之，DAI 所构建的系统架构是加密金融中首次大规模实现分布式治理、程序化货币政策、DeFi 自治的尝试。它不仅提供了一个合约驱动的金融治理样板，也为未来 DeFi 稳定币的发展奠定了制度性框架。

抵押与铸造机制：链上借贷的信用建构

DAI 稳定币的生成机制是区块链世界对传统信贷体系的去中心化再造，其核心是通过超额抵押与智能合约自动执行，实现"无需信任机构、完全依赖代码"的链上信用生成过程。这一机制不仅赋予用户铸造货币的自主权，也确保整个系统具有抗风险、去中介化和可验证的金融特性。

铸造流程是一个去信任化的"贷款合约"履行过程。用户若希望生成 DAI，必须首先在 Maker 协议中开设一个"抵押债务仓"（collateralized debt position，CDP），这是由智能合约控制的链上账户，专门用于锁定抵押物和记录债务状态。创建抵押债务仓后，用户需将被支持的加密资产（如以太币、wBTC、USDC、现实世界资产等）转入该合约，并明确抵押数量。一旦系统确认抵押物市值达到或超过最低抵押率门槛（如150%、175%等，具体根据资产类型和协议风险评估而定），合约将允许用户铸造数量不超过抵押价值比例上限的 DAI。例如，在150%抵押率的要求下，若用户质押150美元等值的以太币，则最多可生成100枚DAI。这些 DAI 将被直接铸造并发送至用户的钱包地址，供其自由使用于链上交易、质押、借贷、支付等各类 DeFi 活动。这一机制与传统银行提供抵押贷款的模式极为相似，但去除了银行的审批流程和中心化操作，实现了自主、透明、可编程的借贷服务。所有过程均由链上智能合约自动完成，并实时公开记录于区块链，无需信任任何中介或第三方。

当用户希望赎回抵押物时，必须归还相应数量的 DAI 以及应付的稳定费用，该费用可被视为协议收取的利息报酬，通常按年化比例计算并随时间累积。归还完成后，系统将自动销毁用户偿还的 DAI 以防止通胀，解锁抵押资产将其原样返回用户地址，清空抵押债务仓债务状态并恢复其为可重新使用状态。该流程确保了每一枚铸造与流通的 DAI 都有真实、链上可验证的资产支持，且随着债务偿还同步减少，维持 DAI 总量的货币纪律。

价格稳定机制：利率调节与市场反馈构成的动态锚定体系

DAI 的价格稳定性并不依赖传统意义上的法币储备，而是通过一套复杂的链上参数调控体系、行为引导机制与抵押风险控制措施来维持其价值紧贴 1 美元。这一机制体系由 Maker 协议构建，包含四个关键组成部分：稳定费用、DAI 存款利率、锚定稳定模块（Peg Stability Module，PSM）与清算机制，它们共同形成"铸造—流通—调控—回收"的闭环式稳定机制。

稳定费用是借贷成本的货币供应控制器，这是用户在抵押资产铸造 DAI 时必须支付的年化利息，由 MKR 持有者通过链上治理投票决定。它既是 Maker 协议的主要收入来源之一，也是调节 DAI 市场供应的货币政策工具。当市场上 DAI 供给过多、价格低于 1 美元时，系统可以上调稳定费用，提高 DAI 的借贷成本，从而抑制新 DAI 的铸造行为，缩紧市场流动性；反之，若 DAI 的价格高于锚定值，系统可降低费率，激励更多铸造操作，增加供给以缓解价格压力。这一机制体现了 Maker 协议对市场利率的"主动调控"能力，就像中央银行通过调整再融资利率影响广义货币供应量。

DAI 存款利率（储蓄利率）是持有意愿的流通调节器。DAI

存款利率是指用户将 DAI 存入专用 DAI 存款利率合约后可获得的年化收益，无需最低金额限制，随存随取，类似传统银行的活期存款利率。它的核心作用是调节 DAI 的流通速度与市场需求。当 DAI 的价格低于 1 美元时，系统可上调 DAI 存款利率，激励用户将手中的 DAI 存入 DAI 存款利率合约中锁仓，减少市场流通量。当 DAI 的价格偏高时，则可降低或暂停 DAI 存款利率，释放持有 DAI 的机会成本，鼓励用户用于支出或兑换，增加市场供给。DAI 存款利率机制引导用户"通过收益决定是否持有 DAI"，以此完成链上市场中的微观行为调节，兼具金融激励与货币调控双重功能。

锚定稳定模块是系统性偏离的调节阀门。它是 Maker 协议为实现 DAI 与 1 美元锚定所设置的流动性缓冲装置。它允许用户将其他受信任的法币稳定币（如 USDC、USDP、GUSD 等）以 1:1 比例兑换为 DAI 或将 DAI 换回稳定币，并对交易收取极低的手续费（如 0.1%）。该机制确保在市场恐慌或套利期间，当 DAI 的价格显著高于 1 美元，用户会将其他稳定币兑换为 DAI，迅速增加供给，压低价格；当 DAI 的价格跌破 1 美元时，用户反向操作，将 DAI 兑换为 USDC 等稳定币，主动收缩 DAI 的流通量，推升币价。锚定稳定模块相当于链上"外汇平准基金"或"自动做市商"，使 Maker 协议具备直接调节稳定锚定的干预手段，同时可以缓解极端行情下 DAI 市场的价格扭曲风险。

清算机制是抵押安全边际的稳定后盾。由于加密资产价格波动剧烈，为防范资产贬值引发 DAI "信用坍塌"，Maker 协议内置了严密的清算机制。当某一抵押债务仓的实际抵押率低于协议设定的清算阈值（如低于 130%），系统会自动触发清算流程。清算由链上执行者（称为"Keepers"）或清算子协议（如 Clipper、Sky）发起。抵押资产通过公开拍卖机制（如荷兰式拍卖、英式拍卖）出售。拍卖所得用于归还该抵押债务仓中尚未偿还的 DAI 本金与稳定费用，以及额外的清算罚金（通常为债务额的 10%—13%）。若拍卖所得超过债务总额，剩余资产返还用户；若不足，则可能由系统储备或 MKR 回购机制弥补差额。清算机制在维护 DAI 稳定锚定的同时，也保护了系统整体的偿付能力，避免个别仓位风险外溢演变为系统性危机。其设计核心在于"让智能合约先于市场崩溃动作"，以提前切断链上杠杆风险的蔓延路径。

通过上述四大机制的有机协作，DAI 实现了从货币供应、市场需求、流通路径到信用支撑的全链条价格稳定机制闭环。与法币抵押型稳定币通过"1:1 银行账户备付金"建立锚定不同，DAI 依赖智能合约、利率工具与社区治理，形成完全去中心化、自动调节、具备韧性的链上信用货币体系。这种机制既是去中心化货币架构的一次实证尝试，也是链上货币政策可行性的深度探索，为构建无需国家背书的"链上央行模型"提供了现实范式。

盈利结构：多元收入支撑的协议可持续性

尽管 MakerDAO 是一个去中心化自治组织，但其目标不仅是维持 DAI 稳定币的运行安全与锚定机制，更是构建一个可持续发展的链上货币金融系统。因此，Maker 协议并非来自"非营利组织"，而是在去中心化原则之下积极探索具备商业可行性的盈利结构，为协议运营、MKR 代币价值支撑与生态扩展提供经济基础。其盈利来源主要包括四种。

第一种是稳定费用收入。每一笔 DAI 的铸造都伴随一个抵押债务仓的开启，而铸造行为本质上相当于从协议借出资金。为此，用户需按年化比例支付稳定费用，相当于借款利息。这部分费用由协议智能合约实时计入账户，用户在赎回抵押物时一并偿还。稳定费用构成了 MakerDAO 最主要的现金流来源，其费率由 MKR 持有者治理投票决定，依据市场供需、风险敞口和协议盈亏进行动态调整。在 DAI 市场快速扩张、DeFi 杠杆交易活跃时期，稳定费用收入可以非常可观，支撑协议自我积累与发展支出。

第二种是清算收入。为了确保 DAI 的锚定与协议的偿付能力，Maker 协议对所有抵押债务仓设有强制清算机制。一旦抵押物价格下跌，导致抵押率低于最低要求，系统会自动清算仓位并拍卖抵押资产。清算过程中，系统通常会收取 10%—13% 不等的罚金，作为风险管理溢价。这类收入虽然不具备稳定性，但在市场高波动期尤为重要。一方面，它为协议提供风险补偿资金池；另一方面，清算罚金反哺 MKR 回购与系统资本金，是协议应对"黑天鹅"冲击的重要经济缓冲器。

第三种是锚定稳定模块手续费。锚定稳定模块机制允许用户将中心化稳定币（如 USDC、USDP、GUSD 等）以 1:1 比例兑换为 DAI，或将 DAI 换回法币稳定币。在这一过程中，协议会收取极低的兑换手续费（如 0.1%）。尽管单笔交易收益微小，但由于锚定稳定模块高度活跃、交易频繁，其总收入依然可观。该收入构成了 MakerDAO 的类"基础设施服务费"，不仅增强了 DAI

的锚定稳定性，也形成了协议内的"现金牛"机制。此类收入稳定、可预测，适合支持协议长期运营开支。

第四种是现实世界资产投资收益。2021年起，MakerDAO推出现实世界资产战略，开始将协议储备中的部分DAI兑换为USDC并注入链下资产投资工具，如短期美债、国库券、商业票据、银行定期存单、资产支持证券（ABS）等。这些资产通过受监管的信托机构或金融服务提供商（如Monetalis、BlockTower、Centrifuge、New Silver、Huntingdon Valley Bank等）进行管理，并返回协议年化4%—6%左右的投资收益。截至2025年年中，MakerDAO已将超过30亿美元等值资产投向现实世界资产项目，现实世界资产收入成为协议最重要的中长期盈利支柱之一。相比链上DeFi收益波动大、违约风险高，现实世界资产提供了"稳健、合规、对冲风险"的收益来源。更重要的是，它标志着MakerDAO正从"加密封闭系统"走向"链上与链下结合"的金融融合路径，成为DeFi与传统金融桥梁的重要探索样本。

MakerDAO的收入最终流向治理代币MKR的生态维稳。稳定费用、清算罚金、锚定稳定模块手续费和现实世界资产收益汇入协议财库①。达到盈余后，系统将超出部分用于在市场上回购MKR并销毁，减少代币供应量，提升MKR的稀缺性与内在价

---

① 协议财库（protocol treasury）是指由智能合约控制、专门用于支持协议运营、发展和激励机制的资金池，相当于协议收入、代币、手续费、税收、质押收益等资产的集中管理地。它是一个去中心化协议的"公共资产账户"，类似于一个DAO的财政部。财库中的资产可以用于激励流动性提供者、支付开发者和运营开销、投资生态项目、稳定协议代币价值和社区提案支出等。

值。此外，部分资金被用于支付开发、审计、治理运营等必要开支，以实现协议运行的闭环经济。

MakerDAO 通过多元化的盈利结构构建起具有抵御周期波动能力的协议自循环系统。尤其是现实世界资产模型的成功实践，使其逐步具备"链上中央银行"的雏形：创造货币、调控流动性、收取利差、投资资产、管理风险、发行治理股权。这一结构不仅提升了 DAI 的信用与流通基础，也推动整个去中心化稳定币赛道从实验走向制度化与营利化的成熟阶段。未来，随着 DeFi 和现实世界资产更深融合，MakerDAO 的财务模型可能成为全球稳定币体系的可借鉴模板。

DeFi 杠杆工具：叠加信用构建资产配置平台

在 DeFi 体系中，DAI 不仅仅作为一种稳定支付媒介或避险资产存在，更重要的是，它已成为链上金融杠杆的核心锚定资产。依托 MakerDAO 构建的"抵押—铸币—流通—再抵押"的信用路径，DAI 构筑了一个开放、自我强化的杠杆生态系统，是链上金融中典型的"资产信用循环器"。

在 Maker 协议的机制下，任何用户只需持有协议支持的抵押资产（如以太币、wBTC、stETH、rETH 等），即可开启抵押债务仓，铸造等值的 DAI。铸出的 DAI 被视为可流通稳定币，具备流动性与兑换价值。因此，用户可以立刻将 DAI 投入其他用途，例如再次购买加密资产，将新购入的资产再次质押至 Maker 协议以铸造更多 DAI，或者将 DAI 用于 DeFi 生态中的流动性"挖矿"、杠杆交易、流动性提供或衍生品交易等。这种链上循环操作，本质上形成了类似于传统金融中的"信用乘数效应"，即通过 DAI

实现虚拟资金的多轮放大，提升资产配置的杠杆率。举个典型例子，用户 A 拥有 10ETH（假设价格为 1ETH=2000 美元），总市值为 20000 美元。该用户可以抵押全部 ETH，按 150% 抵押率铸出约 13000DAI；再用这 13000DAI 在市场购买约 6.5ETH；将新增 ETH 再度质押，铸出约 8500DAI；再购买约 4.25ETH，继续操作……最终，用户可能在不出售初始 ETH 的情况下，通过 DAI 实现了高达 3—5 倍的资产敞口。

这种机制在牛市中能够迅速放大用户的资产回报，推动 DAI 铸造量与 DeFi 活跃度显著提高，是 DAI 市值快速扩张的重要推动力之一。但其背后也隐藏着典型的顺周期性风险结构：牛市杠杆扩张→DAI 铸造激增→资产价格进一步上涨→抵押率看似安全→用户继续加杠杆；一旦市场反转，则有抵押品价格下跌→抵押率骤降→系统触发大规模清算→币价加速下跌→杠杆链条断裂。因此，DAI 系统的稳健性高度依赖于治理者对风险参数的前瞻性调控。只有不断优化这些机制，MakerDAO 才能在系统性波动中维持抵押债务仓的健康状态，避免陷入"链上信用踩踏"。

目前，在链上金融的资产配置结构中，DAI 已逐步获得"数字美元"的功能外延。许多 DeFi 项目（如 Aave、Compound、Curve）均设立 DAI 池。一些衍生品市场也将 DAI 作为保证金单位，如 GMX、dYdX 等合约平台都接受 DAI 保证金。此外，DAI 常被用作 NFT、代币、现实世界资产的基础定价单位。因此，从资产配置平台的角度看，DAI 已不仅是一个产品，更是一个链上信用平台，承载着 DeFi 信贷、投资、交易三类核心功能的桥梁地位。

总体而言，DAI 作为加密资产抵押型稳定币的先行者和标准制定者，其技术结构、治理逻辑、稳定机制与盈利模式已经构建起一个功能完整、自我调节的"链上央行"原型，为全球 DeFi 金融体系提供了关键性稳定基石。

USDe：衍生品驱动的"链上合成美元"

USDe 是由 Ethena Labs 于 2024 年 2 月推出的一种新型合成稳定币，运行于以太坊区块链之上，旨在突破传统稳定币在中心化信任、资本效率与扩展性上的桎梏。它采用一种独特的 Delta 中性对冲策略来维持币值稳定，同时通过多元盈利结构实现协议可持续发展。与 USDT、USDC 等以法币储备为核心的稳定币不同，USDe 不依赖于现实世界银行账户或法币托管，而是构建一个链上原生的"美元替代物"，定位于 DeFi 世界中的新型"信用中枢"资产。

该项目灵感源于 BitMEX 创始人亚瑟·海耶斯（Arthur Hayes）在 2023 年提出的"中本聪美元"（Satoshi Dollar）设想，即通过现货资产持有与衍生品空头对冲，实现稳定币的价值锚定。USDe 被认为是该理念的首次系统化实践，其底层机制在兼顾抗审查性、去中心化与流动性的同时，也试图突破 DAI、RAI 等超额抵押型稳定币在资本占用方面的局限。

核心运行机制：LST 抵押 + 衍生品对冲

USDe 的运作逻辑并非传统意义上"储备 + 托管"模式，而是依托链上资产配置与衍生品交易策略进行非信贷型价值锚定。

其核心机制融合了抵押式流动质押资产 ① (liquid staking token, LST)与永续合约对冲策略,构建出一个高度工程化、动态调节的稳定币发行体系。

USDe 的稳定性基于"多头现货 + 空头衍生品"的 Delta 中性结构构建而成。首先,白名单用户(机构、做市商等)向协议抵押 LST,如 stETH、rETH、cbETH 等,这些资产本质上是用户质押以太币后换取的流动衍生品,具备良好的流动性与质押收益能力。其次,协议会在中心化或去中心化的衍生品交易所(如币安、Bybit、dYdX)上开设等量的空头头寸,即通过永续合约做空以太币。这样,当以太币的价格上涨时,用户抵押的 LST 随之升值,但空头头寸产生亏损;反之,当以太币的下跌时,LST 贬值,而空头头寸带来收益。通过现货与衍生品之间的收益平衡,USDe 的锚定机制在理论上可抵御单边行情带来的币值波动。这种模式在金融理论中被称为 Delta 中性策略,这一策略被广泛应用于对冲基金行业中的市场中性交易。

该结构具有三大优势。一是避免法币依赖,无需银行账户、美元托管或中心化审计,摆脱对传统金融系统的结构性依赖。二是纯链上可追溯,LST 抵押与空头仓位均可链上验证,增强用户信任。三是策略可复制性强,理论上适用于任意具有足够流动性和衍生品市场支持的主流加密资产。然而,其最大挑战在于,该

---

① 抵押式流动质押资产,是指将某种加密资产(如 ETH)进行质押后,协议返回的一种代表质押权益、可自由交易的衍生代币(如 stETH)。LST 的核心作用在于打破传统质押的锁仓限制,实现"既质押、又流动",被广泛用于 DeFi 的借贷、交易、抵押等场景。

对冲结构的长期稳定性与流动性高度依赖衍生品市场的效率、深度与平台稳定性，一旦市场大幅波动或平台失灵，就可能出现系统性脱锚。

在 USDe 的制度设计中，铸造与流通环节被人为划分为两个层级，分别服务于不同类型的用户。在铸造环节，仅限白名单机构用户（如大型交易所、做市商、DeFi 机构）能直接使用 stETH、rETH 等 LST 抵押，按协议设定的比率铸造 USDe。这些用户通常具备较强的风控能力、衍生品对冲技术和承担系统清算风险的意愿。铸造行为在链上记录清晰、合约约束强，协议可根据波动率或资金面变动，灵活调控铸造额度与抵押率，防范滥用或过度扩张。在流通环节则采用开放式获取的方式，普通用户可在去中心化交易所（如 Curve、Uniswap）或中心化交易平台（如币安、OKX）使用 USDT、USDC、DAI 等稳定币兑换 USDe。此路径不需要用户承担复杂的衍生品对冲操作，也避免了强制清算的风险。在 DeFi 协议中，用户可将 USDe 用于借贷、流动性"挖矿"、支付、套利等各类链上金融活动，逐步形成交易层的自然流动性网络。

在赎回机制上，USDe 设计了双通道回收机制。白名单用户可将所持 USDe 按规定的比例兑换回最初抵押的 LST 资产，赎回行为按链上价格及清算比率自动计算。普通用户则需通过交易所卖出 USDe 以换回其他稳定币或法币。若市场出现剧烈波动、抵押物不足或对冲失败，协议将优先采取追加抵押、暂停赎回的策略，或启动风险储备机制以确保稳定性。这一制度设计构建出一种典型的"中心化铸造＋去中心化流通"模型。该模型实现了效率与抗审查性兼顾的特点，机构提供专业流动性支持，零售用户享受开放交易体验，并且风险可控，高风险由具备能力的白名单用户承担，普通用户免受链上清算困扰。这一制度设计在系统治理方面也更具灵活性，协议可通过调整机构准入门槛、设定动态抵押率等参数，实现对铸币量与市场压力的有效控制。

创新盈利结构：从对冲套利中创造收益

USDe 所代表的不是传统意义上"托管利息型"的稳定币盈利模式，而是一种以衍生品工具为核心、金融工程策略为支撑的结构性收益体系。Ethena Labs 将对冲基金式的策略内嵌进稳定币协议，使 USDe 成为一种兼具稳定锚定与收益创造能力的"链上美元载体"。整个收益体系分为四大核心支柱，分别提供基础性、波动性、防御性与用户增长层面的收益支持。

首先是来自 LST（如 stETH、rETH、cbETH 等）的稳定币的"被动现金流底盘"。USDe 的底层资产大量由 LST 构成。这些资产本身具备"质押收益"属性，是以太坊网络为验证基础提供的系统性年化回报（APR），通常在 3% 左右波动，是稳定币的"被动现金流底盘"。LST 相较以太币的优势在于，其不仅保持了与以太币基本一致的市场价格，还具备可流通性与质押分润机制。Ethena 协议 [1] 通过作为以太坊验证节点的"代理人"身份，将用户抵押资产参与网络质押，获取网络奖励。此部分收益不依赖交易行为、市场情绪或外部平台，因此具有高度的稳定性与预期

---

[1] 需要稍作说明的是，Ethena Labs 是开发和维护 Ethena 协议的公司，USDe 是 Ethena Labs 发行的稳定币，ENA 是其治理代币。

性，是协议财务结构中的基础性"现金流支持"。在市场高波动或资金费反转的周期中，LST 的收益仍能提供一定程度的下行防御力，成为 USDe 维持健康运营的重要组成部分。

其次是衍生品套利收益。这也是 USDe 最具创新性的收益来源，主要通过以下两类策略获得。第一种策略是资金费收益。在永续合约市场中，为维持合约价格与现货价格的一致性，交易所设置"资金费率"机制。当市场呈多头趋势时，做多方需向做空方支付资金费。Ethena 通过做空以太币永续合约，成为"收取资金费"的一方，可持续获取稳定的流动性溢价。特别是在市场情绪高涨的时期，该费率甚至可以达到日化 0.05% 以上，成为 USDe 的主要收入来源之一。第二种是基差套利收益。永续合约的交易价格与现货资产之间存在结构性价差。Ethena 可通过"做多现货、做空合约"的策略捕捉无风险套利空间。历史数据显示，在 2024 年市场热度上升周期中，该部分策略带来的年化回报一度高达 12.59%，这在 DeFi 市场属于极具吸引力的收益区间。不过，基差收益高度依赖于市场结构，一旦市场由多转空、资金费转负，或衍生品交易所出现流动性枯竭，盈利能力将急剧下降，甚至可能形成亏损。这要求协议具备极强的策略动态调控与风险止损机制。

再次是储备稳定币的低风险收益，也就是链上"协议定存"。Ethena 并非将所有资金集中用于高风险对冲策略，而是保留部分流动性储备（如 USDC、USDT）进行低风险配置，存放在受监管平台（如 Coinbase Prime、Anchorage 等）上，并获取定期收益，或参与 Compound、Aave 等稳健借贷协议，获取稳定年化利率（2%—4%）。这一收益来源不受市场行情影响，具有稳定性，且资产受托管机制保障，能避免系统性风险，可作为"协议流动性缓冲池"应对极端赎回或波动事件。此部分收益虽相对较低，但作为被动防御型资产配置，在策略多元化与风险均衡方面具有不可替代的价值。

最后一种收益与社区动员机制相关。USDe 推出的 sUSDe 是一种质押型的二次衍生稳定币，用于将协议收益向用户端分润，构建社区参与动力闭环。用户可选择将 USDe 质押转化为 sUSDe，获得协议收益的日常分配。根据 2024 年数据，sUSDe 的年化收益率平均高达 18%—20%，远高于传统稳定币（如 USDC、DAI）的"零收益"。其所得收益来源于前述三大模块的复合叠加，并以每日结算、每周复利形式发放，透明公开。sUSDe 的设计不仅提升了 USDe 的"持有吸引力"，也将协议本身的收益能力转化为网络黏性与用户留存率，形成类似"去中心化货币基金"的结构。此外，sUSDe 未来还可能承载治理权重、优先赎回权、协议分红票权等更多功能，进一步打造"收益＋治理"的链上协作机制。

USDe 的盈利结构标志着稳定币商业模式的跃迁——从传统的托管利息依赖，走向金融策略主导的复合型收益模型。通过这套多元而层次分明的结构性盈利体系，USDe 不仅提升了稳定币的资本效率，也展示出"金融产品化"的创新路径，为整个 DeFi 行业提供了可借鉴的设计范式。

风险结构与监管挑战：高杠杆机制下的系统脆弱性

尽管 USDe 以其独特的 Delta 中性对冲结构和非传统的盈利模型，在稳定币领域树立了技术创新的标杆，但这一机制同时也引入了高度复杂化、链上链下交错的风险结构。在高杠杆、跨协议依赖与全球监管不确定性交织的背景下，USDe 面临三大核心挑战。

第一，USDe 的锚定机制建立在永续合约市场的流动性与资金费结构之上，本质上依赖衍生品市场的健康运行。如果市场出现极端情形，其币值锚定能力将受到直接威胁，如以太币在极短时间内出现剧烈下跌（如 2020 年"黑色星期四"），在这种情况下，即便存在空头头寸，也可能因滑点①、爆仓延迟等问题出现对冲失效。当市场一致看空时，空头需持续支付资金费，导致协议盈利能力显著恶化，甚至出现反向亏损。若交易所出现技术故障、流动性枯竭或被监管叫停，头寸调整将无法执行，稳定机制将被迫中断。这意味着，USDe 的价格稳定性本身并非"内生"，而是对外部市场条件的敏感映射。其结构性复杂性可能在极端市场冲击中放大系统性风险。

第二，虽然 USDe 在流通端坚持去中心化设计，但在铸造和抵押端仍然依赖少数白名单用户（如做市商、机构交易员）提供 stETH 等质押资产，并承担合约头寸操作。这种模式下，少数机构掌握大部分 USDe 的铸造权，一旦出现清算或大额赎回，将带来系统性流动性冲击。白名单用户若利用其信息或仓位优势操控期货头寸，可能形成"内部性套利"或锚定偏离。从"开放式、全链可接入"的稳定币愿景来看，当前 USDe 的准入模式

---

① 滑点（slippage）是指在交易过程中，实际成交价格与预期价格之间的差异。它是交易中的常见现象，在加密货币交易、DeFi 去中心化交易所等流动性不稳定或波动性大的市场中尤为明显。

与之背道而驰，这削弱了其抗审查性与可持续性。USDe 的设计目标是构建一种"无需银行体系的链上美元"，但在铸造机制上却仍维持着"特许铸币"的结构，在透明性与权力分布之间存在张力。

第三，尽管 Ethena Labs 致力于去中心化治理，但 USDe 作为非储备型、金融工程主导的稳定币，其监管定位一直存在灰色地带。2025 年 3 月，德国联邦金融监管局认定 USDe 未满足 MiCA 框架下的资产支持、风险计提、公开审计等要求，正式禁止其在德国境内公开流通。MiCA 要求所有"重大稳定币发行者"必须具有明确的资产储备方案、应急机制与法币对兑能力，USDe 当前的"链上资产＋衍生品"对冲模式难以被视为具有"充分储备"，可能面临全欧封锁。Ethena Labs 对此所采取的应对是，或将转向在阿联酋、新加坡等加密资产友好地区注册主体，以规避欧美金融监管体系，但这将限制其主流市场的拓展与合规金融合作空间。在传统监管者眼中，没有央行托底的金融工程币种很难建立"最终偿付信任"。这将是推动 USDe 全球扩张的最大制度瓶颈。

从金融工程到货币实验

USDe 并非一个单一稳定币产品，它更是一次 DeFi 货币模型的工程化尝试。它不仅突破了超额抵押、法币托管等旧范式，更借助衍生品逻辑与结构化收益系统构建了"链上美元"的新路径。

然而，这种架构高度依赖于市场机制的稳定性与平台基础设施的安全性，一旦其中任一环节失灵，便可能对整个锚定系统构成挑战。当前阶段，USDe 在收益性上无疑优于传统稳定币，但在合规性与鲁棒性上仍待观察。因此，USDe 的成败不只关乎某一稳定币项目，而是代表了 DeFi 从"信托稳定"迈向"策略稳定"的关键分水岭，其发展路径将对未来稳定币制度设计与金融监管思路产生深远影响。

2.3　去中心化货币政策的实验场：算法稳定币

算法稳定币（algorithmic stablecoins）是一类不依赖法币储备或链上加密资产抵押的稳定币形式。其核心在于通过内嵌在智能合约中的一套自动化算法规则，动态调节市场中的代币供给，以保持币价锚定在某一固定目标（通常为 1 美元）附近。与法币抵押型和加密资产抵押型稳定币不同，算法稳定币不依托外部资产或托管机构，而是试图通过市场博弈逻辑、用户预期管理和机制激励，实现币值稳定的"内生性调节"。

从功能比喻上看，法币抵押型稳定币如同以银行存款作为担保，加密资产抵押型则类似于链上质押贷款，而算法稳定币更像是一个在链上运行的自动化"央行"——它试图以"代码即政策"实现货币的扩张与收缩，从而维持价格稳定。因此，算法稳定币常被视为"去中心化货币政策实验室"，是对传统宏观调控在区块链环境下的模拟与重构。

在 DeFi 原生生态对"无需信任中介、无需许可的链上货币"需求不断增强的背景下，算法稳定币应运而生。其基本运行逻辑模拟了中央银行的扩表与缩表操作：价格高于锚定值时，协议通过增发代币（即扩张供给）来压低币价；价格低于锚定值时，系统通过销毁机制或兑换激励减少流通量（即收缩供给）。整个调控机制无需人工干预，由智能合约全自动执行。价格的锚定效果依赖于市场参与者对协议机制的信任与参与度。

算法稳定币的发展受到两位学者的理论影响。费迪南多·阿梅特拉诺（Ferdinando Ametrano）提出的弹性供给模型，主张货币供给应随市场需求自动调整。罗伯特·萨姆斯（Robert Sams）提出的"铸币税股份模型"，设计了通过"主币+债券+股份"三类代币联动实现供需调节的机制。

在此理论基础上，算法稳定币演化出两大主流路径。一个是单代币弹性供给模型（如 Ampleforth，简称 AMPL），系统定期根据币价偏离程度调整用户钱包中的代币数量（即"再基设机制"），实现价格锚定。另一个是多代币铸币税股份模型（如 Basis、Empty Set Dollar）：系统设计三种代币——稳定币、债券代币、股权代币，通过债券购买激励代币销毁，通过股息分红鼓励代币增发，构建链上债务与信用循环。据行业不完全统计，当前超过半数的算法稳定币采用了多代币结构，突出套利机制、风险分担和去中心化调节的市场逻辑。

尽管算法稳定币在机制设计上颇具创新性，但其稳定性高度依赖用户预期管理与市场反应机制，容易受到信心波动冲击。过去包括 Terra UST 在内的多种算法稳定币项目，均曾因套利机制失效或市场恐慌而发生严重脱锚甚至价格崩盘的事件，显示出该类稳定币在极端行情下脆弱的抗风险能力。此外，由于缺乏链下资产背书或监管机制，算法稳定币在跨链扩展、法币兑换和合法性接入方面仍面临现实瓶颈。

AMPL：基于弹性供给模型的"自适应货币"实验

AMPL 是算法稳定币中"弹性供给"路径的典型案例，由伊万·郭（Evan Kuo）和布兰登·艾尔斯（Brandon Iles）于 2018 年创建。其设计初衷在于构建一种结合比特币"固定总量"的稀缺性与传统货币"供给调节能力"的新型加密资产。通过自主调节代币供给，而非依赖传统法币储备或链上质押机制，AMPL 被视为一种"去抵押、无储备"的合成货币形式，旨在打造 DeFi 世界中的"可编程货币基础"。

运行机制详解：每日再平衡与价格自调节逻辑

AMPL 协议的核心机制是每日再平衡（Rebase）机制，它代表了一种全新视角下的币值稳定方式：不试图直接锚定价格，而是通过调整市场中的代币总量来间接引导价格向目标值靠拢。这种逻辑区别于传统"以法币为锚"的稳定币系统，而更接近一种供给自动调节型的通货体系，模拟现实中中央银行调节货币供应的功能，但在链上以算法规则自动执行。

每日再平衡机制的目标，是使 AMPL 的市场价格始终围绕一个动态调整的锚定目标价格波动，这个目标价基于 2019 年经过 CPI 调整后的美元，因此会随通胀略有调整（截至 2025 年 6 月，该价格已经上调至 1.25 美元左右）。若价格高于目标价（超过 5% 区间），则说明市场对 AMPL 需求旺盛，协议将扩大总供应量。所有持币者的钱包中 AMPL 数量按比例同步增加（例如增加 10%，则每个钱包的 AMPL 都增长 10%），通过供给扩张压低 AMPL 单价，促使价格回归锚定目标。同样，当价格低于目标价（低于 5% 区间），说明市场需求不足或信心下降，协议将减少总供应量，所有钱包的 AMPL 数量按比例减少（即"负向再平衡"），通过供给收缩抬高单币价格，缓解通缩或币价下跌趋势。如果价格在 ±5% 区间内波动，则被视为市场相对稳定，协议不触发任何供给变动，系统维持现有状态等待新市场信号。

再平衡每 24 小时触发一次，执行时间为世界标准时间下的每天 2:00（即美国东部时间的前一天 21:00）。价格基准采用去中心化预言机系统（如 Chainlink）提供的 AMPL 对美元的 24 小时加权平均成交价，以避免受到短期操纵或突发剧烈波动的干扰。再平衡由智能合约自动完成，结果对所有用户透明一致，不存在人为干预或中心化控制的空间。

再平衡机制的独特之处在于，它不改变用户在总供应中的占比，但通过变动实际币数实现供给调节。例如，若某用户持有 AMPL 总供应的 2%，再平衡后依然为 2%，但其钱包中 AMPL 的数量会因再平衡而增加或减少。这种方式保证了"资产相对稀释或增值"的公平性。这种处理方式类比于股份拆分或合并，在逻辑上更像是"数量变、比例恒"的操作，是 AMPL 保持全网络同步价格调整的基础。相比 USDT、DAI 等传统稳定币试图锚定"名义价格"，AMPL 的创新在于其目标是通过供给调整实现"实际购买力的稳定"，更接近货币经济学中的"价格水平目标制"而非"货币总量恒定"。

市场表现与现实挑战

尽管 AMPL 在机制设计上富有创新性，但其在现实市场中的表现却远不如理论模型所预期的那般理想，暴露出一系列结构性挑战。在多轮牛熊周期中，AMPL 多次出现严重偏离目标价的现象。

在 2020 年中，由于市场对 AMPL 再平衡机制的好奇与错失恐惧（fear of missing out，简称 FOMO）情绪，AMPL 的价格一度暴涨至 3 美元以上，再平衡机制持续扩表，反而强化了投机行为。从 2021 年以后，AMPL 的价格持续低于目标价，系统不断缩表，用户资产缩水严重，导致市场信心进一步下滑，形成"负反馈循环"。截至 2025 年年中，AMPL 的币价长期处于 0.7 美元至 1.2 美元的波动区间，真实锚定能力大打折扣，其稳定性已远不能与 USDC、DAI 等主流稳定币相比。这一现实说明，AMPL 的机制更适合被定义为"波动缓冲型通证"或"可调供给货币"，而非狭义的价格锚定型稳定币。

此外，AMPL 的再平衡模型虽逻辑清晰，但对普通用户而言机制过于复杂。钱包余额每日变化（甚至减少）违背用户习惯。再平衡与价格波动间的非线性关系，使用户难以预测资产未来表现。并且，再平衡机制无法避免用户在负向再平衡下的双重损失（数量减少 + 币价下跌），削弱了 AMPL 的风险收益吸引力。因此，尽管 AMPL 曾在 2020 年吸引了一波早期支持者和炒作热潮，但随着越来越多的用户体验到再平衡所引发的资产"缩水效应"，其活跃社区逐渐流失，链上交易量和钱包数量持续走低。

截至 2025 年 6 月，AMPL 的总市值约为 3500 万美元，远低于高峰时期的 4 亿美元，其在主流 DeFi 项目中的嵌入度也明显下降，仅在少数 AMPL 专属协议或二层聚合工具中出现，生态发展陷入瓶颈。

生态定位与现实意义

尽管 AMPL 当前在市值、流通规模和市场接受度上与 USDT、USDC、DAI 等主流稳定币存在显著差距，尚未成为交易和清算中的"锚定资产"首选，但其独特的机制设计与货币思想实验价值，仍使其在加密货币生态系统中占据不可替代的实验性地位。AMPL 的存在和演化，为探索去中心化货币政策、弹性供给机制以及链上金融治理，提供了可被验证的"活体样本"。

未来，若 AMPL 能围绕以下几个方向持续优化，其生态定位将有望获得重塑。一是降低用户理解门槛，通过更可视化的钱包工具、再平衡提示机制、持仓管理仪表盘等产品设计，解决再平衡机制"体验反直觉"的问题。二是构建与 DeFi 应用的深度集成，如与收益聚合器、可组合型衍生品、再平衡保险协议等协同发展，释放协议"高波动—高供给弹性"的结构红利。三是探索链下预期管理工具，通过社区教育、治理透明度提升、风险参数优化，强化用户对机制长期稳定性的信心，配合 Layer 2 网络或 Rollup 系统部署，提升交易效率与跨链兼容性。

从更长远的视角看，AMPL 的最大价值可能并不在于成为"USDC 的替代品"，而是作为加密世界中一种新型货币范式的雏形存在。它强调货币供应的动态适应性、市场信号的自动响应、规则化的供需博弈机制，为未来更复杂的链上金融治理机制奠定理论与实践基础。

Basis：最早的"去中心化央行"算法实验

Basis 是算法稳定币历史上具有标志性意义的早期项目之一，由 NaderAl-Naji 领衔的团队在 2018 年提出，其宏大愿景与制度设计引发了广泛关注。该项目获得包括安德森·霍洛维茨（Andreessen Horowitz，a16z）在内的顶级风险投资机构青睐，融资总额高达 1.33 亿美元，是迄今为止融资规模最大的算法稳定币项目之一。

三代币结构：模拟中央银行的货币调节机制

Basis 的机制设计以"多代币架构"著称，尝试模拟现实中央银行的货币调控功能。整个系统由三种代币构成，各自承担不同的经济职能：

（1）Basis（BAC），即核心稳定币，目标锚定 1 美元，用于日常支付与交易。

（2）Bond Token（BAB），即债券代币，当 BAC 市价低于 1 美元时发行，用于吸收市场多余供给，通过销毁 BAC 推动价格回升。

（3）Share Token（BAS），即权益代币，赋予持有人治理权与未来铸币收益分配权，对应央行资产负债表中的"资本"。

这一机制的设计灵感源自货币数量理论，其运行逻辑如下：

• 当 BAC<1 美元时，系统折价出售 BAB，鼓励用户用 BAC 购买债券，销毁 BAC 以减少供给；

• 当 BAC>1 美元时，系统增发 BAC，优先兑付债券本息，剩余部分按比例分红给 BAS 持有者，通过增加供给抑制币价继续上升。

这套机制试图完全摆脱对法币储备或加密资产抵押的依赖，以"纯算法＋市场博弈激励"构建价格稳定逻辑。其核心假设是：当用户相信机制长期有效，便会在价格偏离锚定值时参与套利，从而维持系统自我修复的循环。

制度困境：激励失效与市场信心崩溃

尽管构想宏大，但 Basis 面临的最大问题在于其依赖于用户对系统偿付能力的信心。一旦市场长期处于通缩状态（BAC 长期低于 1 美元），大量 BAB 无法按期兑付，投资者对其"未来收益"失去信心，套利动机消失，激励机制失灵。

团队曾尝试引入"债券有效期"（例如 5 年内未兑付即作废）来控制债务堆积风险，但这一措施反而加剧了用户的恐慌情绪——当投资者认为债券未来可能作废，他们更不愿意参与购买，从而进一步削弱了系统的价格回稳能力。机制进入负反馈循环，价格持续脱锚，最终引发系统性信任危机。

监管压力：加密货币遇上证券法

除了机制问题，Basis 还遭遇了严峻的法律风险。由于 BAB 和 BAS 具备"未来收益权"与"投资契约"的特征，美国证券交易委员会认定其具备证券属性，要求将其纳入证券监管体系。

这意味着 Basis 项目必须遵守包括注册登记、反洗钱、信息披露与反欺诈义务在内的一整套合规流程。对于一个希望保持链上匿名性与去中心化运行的加密项目而言，这无疑大幅增加了法律与运营成本，也与其"去中介化"的目标相悖。

最终，出于对潜在诉讼与执法风险的考量，Basis 团队在

2018 年 12 月正式宣布项目终止，清算资金并将其全额返还投资者。Basis 也由此成为加密历史上第一个因监管预期压力而主动关闭的大型稳定币项目。

历史地位与启示

虽然 Basis 并未实现其构建"链上央行"的宏伟蓝图，但其提出的三代币结构和算法调节逻辑，成为后续众多算法稳定币项目（如 Basis Cash、Empty Set Dollar、Dynamic Set Dollar）效仿与演化的基础。

Basis 的教训也凸显了几个核心问题：完全无抵押的机制对用户信心依赖极高；算法稳定币设计必须考虑极端周期下的预期管理与信用风险；合规风险对金融创新的限制作用不容忽视，尤其是在涉及未来收益权和投资激励的代币架构中。

从某种意义上说，Basis 是加密世界中货币主权去中心化理想的早期试炼者。虽然失败了，但它推动了整个行业对稳定币机制、市场心理与监管博弈的深刻认知，也为后续算法货币的发展提供了宝贵的实验数据与制度镜鉴。

UST：算法稳定币的高光与崩塌

UST（TerraUSD）是迄今为止最具影响力和争议性的算法稳定币之一，由 Terraform Labs 于 2020 年 9 月推出。该项目旨在构建一个围绕 Terra 区块链的去中心化支付与金融生态，而 UST 则是生态内的核心稳定币，其定位为 DeFi 与现实支付场景中的"去中心化美元"。

UST 并不依赖法币储备或链上超额抵押，而是基于其姊妹代币 LUNA（现称 LUNC）构建了一种"双币算法机制"，通过市场套利与供需调节维持 1 美元的价格锚定。2022 年 5 月之前，UST 一度成为全球第四大稳定币，市值高达 187 亿美元，仅次于 USDT、USDC 和 BUSD。然而，2022 年 5 月的系统性崩盘事件彻底摧毁了其锚定结构，使其成为加密史上最具代表性的失败案例之一。

核心机制："铸造—销毁"与套利调节

UST 稳定币的价格维稳机制并不依赖任何实物资产或链下储备，而是构建了一套基于"铸造—销毁"逻辑的链上套利模型，通过 UST 与其姊妹代币 LUNA 之间的可兑换关系，实现价格锚定的动态调节。这一机制是 Terra 生态系统的基础，被称为"双币算法稳定模型"。

具体而言，该机制赋予用户以下操作权利。当 UST 高于 1 美元（例如 1.05 美元）时，用户可花费价值 1 美元的 LUNA 来铸造 1 枚 UST，并在市场上以更高价格出售，从中获利。这会增加 UST 的供给，压低其市场价格。当 UST 低于 1 美元（例如 0.95 美元）时，用户可低价买入 UST（0.95 美元），并通过销毁 1 枚 UST 换回价值 1 美元的 LUNA，从中套利。这会减少 UST 的供给，推高其价格。该机制的核心逻辑是通过开放式套利窗口调动市场力量，在价格偏离时引导供给的自动收缩或扩张，从而实现供需均衡，保持锚定价位。

LUNA 在此机制中充当"价格波动缓冲垫"与风险吸收载体，其价值直接绑定于 Terra 生态的稳定币发行与需求。UST 铸造时销毁 LUNA，LUNA 供给减少，价格被动推升；UST 销毁时铸造 LUNA，LUNA 供给增加，可能稀释其价值。

需求引擎：Anchor 协议的高收益诱因

在 LUNA/UST 项目发展的早期阶段，项目方积极拓展 UST 的应用场景，吸引大量用户参与，从而推动了 UST 的需求增长和铸造规模扩大。Anchor 协议正是 Terraform Labs 构建 Terra 生态的旗舰 DeFi 项目，其设计目标是提供一个低波动、高收益的存款平台，吸引稳定币 UST 的广泛采用。该平台向 UST 存款者承诺年化 19.5%—20% 的固定收益率，这一利率水平远高于其他主流稳定币产品所能提供的无风险收益，放眼整个加密金融市场都极具吸引力。

这一高收益率并非来自真实经济活动产生的回报，而主要依赖于 Anchor 协议初期通过 LUNA 增发的资金、Terraform Labs 提供的补贴，以及外部资本的不断注入。这种模式实际上建立了一套"需求驱动型"资金流循环结构。用户将法币兑换成 UST，存入 Anchor 以获取高息回报；UST 需求随之激增，推动 LUNA 的价值上涨；LUNA 的升值为 Terraform Labs 提供资本增发空间，从而继续补贴 Anchor 收益；整个系统依赖市场上涨趋势和持续的用户流入，维持收益承诺和锚定信心。

在 2021—2022 年初的牛市阶段，该模式一度成功吸引数百亿美元流入，Anchor 存款规模在高峰时期超过 140 亿美元，成为加密世界最大的"稳定币储蓄银行"。但这种结构极其脆弱，面临三大挑战：收益来源不可持续，缺乏长期商业模型支撑；资金链高度依赖新增流入，一旦流入放缓，系统难以维持兑付能力；用户行为高度趋利，对系统信心建立在高利诱惑基础上，而非机制稳定性。

正因如此，Anchor 成为整个 Terra-UST 体系的"引爆点"与系统性风险累积器。当外部市场信心开始动摇，Anchor 的超高收益无法为用户带来安全感，反而加剧了流动性出逃与套利压力。

稳定储备尝试：LFG 的被动应对

面对日益增长的外界质疑，即"UST 是否能在极端市场下维持锚定"，Terraform Labs 于 2022 年初组建了 Luna Foundation Guard（LFG），希望通过引入外部储备资产构建更为可靠的风险缓冲机制。LFG 的核心策略是积累一篮子非 LUNA 资产，以提供锚定期间的市场干预能力。其主要资产结构包括比特币（起初持有约 3 亿美元，最终增持至超过 30 亿美元），以及其他资产（如 Avalanche、USDT、USDC 等具备流动性的加密货币）等。

然而，LFG 这类储备模式存在多个根本性局限。这些资产并未直接进入 UST 的铸造或销毁机制，用户无法以比特币等储备资产直接赎回 UST，导致储备并非"可执行后盾"。LFG 未建立公开透明、自动执行的储备调用机制，使市场质疑其干预时机与规模的有效性。面对瞬息万变的市场环境，LFG 的干预往往滞后于用户抛压，反而被视为"信心崩溃的确认信号"。

2022 年 5 月崩盘事件：机制失灵与信心崩塌

UST 的崩盘过程是一场信心与结构的双重危机。2022 年 5 月 8 日，Terra 在进行项目更新和协议升级时，从 UST 的流动性池中撤出了 1.5 亿枚 UST，导致市场上的 UST 流动性短暂收紧。此举引发市场担忧，部分机构开始大规模抛售 UST，当天有高达 20 亿枚 UST 从 Anchor 协议中流出。由于短时间内 UST 的抛压骤增，市场供需失衡，UST 价格开始脱锚，不再稳定在 1 美元。大量投资者开始将手中的 UST 兑换为 LUNA，结果导致 LUNA 的供应量迅速上升，价格下跌 6.11%，降至 64.08 美元。为维持 UST 锚定，大量 LUNA 被不断铸造，造成通胀性崩塌，币价从 87 美元迅速跌至几乎为零。LFG 出售约 10 亿美元比特币来干预市场，但无法阻止恐慌蔓延，反而拖累了整体市场。最终，UST 的价格跌至 0.10 美元以下，LUNA 的总市值蒸发逾 450 亿美元，整个 Terra 生态体系濒临瓦解。后续，Terraform Labs 将 Terra 链更名为 Terra Classic，UST 也转变为非锚定资产 USTC，并逐渐淡出主流市场。

UST 曾是"去中心化稳定币"的明星项目与理念象征，但其崩盘深刻暴露了算法稳定币模型的致命脆弱性：过度依赖市场信心与套利行为，缺乏真正可兑付的资产储备；激进的收益激励机制掩盖了系统性风险本质；机制设计未能应对极端市场环境，导致连锁崩溃；预备机制（如比特币储备）缺乏足够联动性与强制性调节功能。

UST 的崩盘是加密货币历史上的"雷曼时刻"，它不只是一次技术或策略失败，更是对"稳定币不稳定"的深度反思。其引发的连锁反应直接推动了全球对稳定币风险监管的加强，亦促使行业对"去中心化稳定机制"与"真实资产支持"的再思考。

尽管 UST 的失败具有极高成本，但它为稳定币机制设计、市场行为理解与监管体系建设，留下了不可忽视的负面教材，也成为 DeFi 发展路径上必须铭记的历史坐标。

FRAX：从算法实验到全抵押稳定币的制度转型

FRAX 是由 Frax Finance[①] 推出的去中心化稳定币项目，于 2020 年 12 月上线，是全球首个引入"部分算法 + 部分抵押"机制的稳定币。其设计初衷是在不牺牲去中心化特性的前提下，兼顾价格稳定性与资本效率。FRAX 并非一成不变，而是在实际运行过程中不断演化，经历了从部分算法（fractional-algorithmic）模型（V1、V2）向完全抵押（fully-collateralized）模型（V3）的转型，被视为稳定币设计范式的实践案例。

V1—V2 阶段：部分抵押的混合稳定路径

FRAX 最初以部分算法稳定币（fractional-algorithmic stablecoin）的概念亮相，意图在传统稳定币的二元对立结构之外，在资本效率与价格稳定之间探索第三种可能性。与 USDC、USDT 等"足额法币抵押型"稳定币相比，FRAX 不完全依赖中心化储备资产；而与 DAI 等"超额加密抵押型"稳定币相比，它试图避免抵押资产利用效率过低的问题。因此，FRAX 被视为首个"部分抵押 + 算法调控"的混合型稳定币实验。

FRAX 在运行之初即被设计为双代币结构：FRAX，锚

---

① 需要说明的是，通常 FRAX 指代稳定币本身，Frax 指代项目整体的名称（Frax Finance），也可泛指 DeFi 协议。

定 1 美元的稳定币，用于交易、支付和 DeFi 应用场景；FXS
（FraxShares），治理代币，代表协议未来收益权，承担价格波动
与风险吸收职能。

铸造 FRAX 的过程，需同时使用 USDC（等价于"现金"抵押
品）和销毁一定数量的 FXS。其核心变量是抵押比率（collateral
ratio，CR），即协议对"真实资产"支撑的要求：当 CR=80%，
用户须提供 0.80 美元的 USDC 与销毁价值 0.20 美元的 FXS 才
能铸造 1 枚 FRAX；若 CR=50%，则意味着半数抵押资产来自
USDC，另一半则由 FXS 销毁承担。赎回机制反向进行，用户销
毁 FRAX 即可按当前的 CR 值换回 USDC 与一定量新铸的 FXS。

FRAX 的价格稳定逻辑依赖于市场反馈与机制调节的双重
作用。协议实时监测 FRAX 的市场价格与目标锚定值（1 美元）
之间的偏离，并根据波动方向调整 CR 值。当价格高于锚定时
（FRAX>1 美元），协议降低 CR 值，允许以更少的 USDC 和更多
的 FXS 销毁铸造 FRAX，鼓励市场供给增长，从而压低币价；当
价格低于锚定（FRAX<1 美元）时，协议提高 CR 值，提高铸造
门槛，抑制新币发行，同时赎回 FRAX 可得更多 USDC，激发买
盘需求并抬升价格。

在后续的 V2 版本中，Frax 团队基于早期运行经验，对机
制做出修正：逐步放弃"持续降低 CR"的算法稳定目标，转而
提高稳定币的抵押覆盖比例，使系统在理论上更接近 DAI 式的
"高抵押＋链上治理"模型。此阶段的 Frax 更注重引入现实资产
流动性池（如 Curve）以及"算法市场操作"（algorithmic market

operations，AMOs）机制，通过协议层流动性部署实现间接稳价，同时缓解对 FXS 波动的过度依赖，为后续全面转向 frxUSD 模式奠定基础。

V3 阶段：向全抵押稳定币过渡

在经历了 UST 崩盘等重大风险事件后，整个 DeFi 行业对"部分算法稳定币"模式的信任遭受重创。面对不断加剧的外部监管压力和市场对稳定性、安全性的高度关注，Frax 社区于 2023 年 2 月通过提案 FIP-188，正式终结此前依赖 FXS 进行部分抵押的"混合模型"，迈入完全抵押时代。此次结构性转型，标志着 FRAX 从一个机制实验性项目，正式迈向一个制度稳健、监管友好、资产合规的"新一代稳定币平台"。

在 V3 架构下，Frax 原有的 FRAX 稳定币逐步过渡为新发行资产 frxUSD（FraxUSD）。其核心特征为完全 1∶1 抵押发行，并且抵押物类型实现了多元化。除 USDC 等主流稳定币外，协议还引入现实世界资产，如贝莱德推出的 BUIDL 国债基金或超国家实体（superstate）类固定收益产品，拓展托底资产的抗风险能力。

在完全抵押模式下，frxUSD 具备了传统稳定币的所有基本优势，并进一步强化了链上金融可组合性。FraxV3 通过 frxUSD 的全面抵押化转型，不仅回应了稳定币行业对"安全性"和"监管适配"的时代要求，也使其从早期算法稳定币的"试验田"走向了制度成熟、资产透明、生态可持续的主流稳定币体系。未来，frxUSD 或有望成为 DeFi 世界与现实金融桥接的重要稳定单元。

AMOs：算法市场操作模块的延续

尽管 Frax 在 V3 阶段已全面放弃了"算法铸造"这一稳定币

发行机制，但其关键创新之一——AMOs 并未随之取消，反而成为连接链上货币政策与市场操作的重要制度性工具。AMOs 是一组部署在主流 DeFi 协议（如 Aave、Compound、Curve、Uniswap）上的智能合约模块，其运行逻辑可类比于现实世界中中央银行的资产负债表调节工具。

AMOs 可以将闲置的抵押资产（如 USDC、BUIDL）投入去中心化借贷市场中，赚取利息收益；还可以向稳定币交易池（如 Curve 的 FRAX/USDC、frxUSD/DAI）注入流动性，提升交易深度并维持锚定价。在市场流动性过剩或汇率偏离时，AMOs 还可以从流动池中移除资产以压缩供给、稳定价格。

AMOs 机制使 Frax 拥有了一项其他稳定币协议所不具备的能力：自主调控资产流向与稳定币汇率，同时获取系统性收入来源，这在机制上极为接近现实世界的央行资产配置与市场操作逻辑。

sfrxUSD：协议收益分享机制

为提升资本沉淀能力、延长用户资金在协议内的驻留时间，同时增强系统性稳定性与用户忠诚度，Frax 在稳定币 frxUSD 的基础上推出其质押版本——sfrxUSD（Staked FRAXUSD）。该机制将传统意义上的"稳定币被动持有"转化为"主动质押、分享收益"的协议共生关系。

sfrxUSD 是一种可随时赎回的收益型稳定资产，用户将 frxUSD 存入协议合约，即可自动获得 sfrxUSD。持有 sfrxUSD 期间，用户将按比例分享 Frax 协议的收益，而无需主动参与治理或采取复杂操作。sfrxUSD 所获取的收益来自 Frax 协议核心运营模块的实际利润，体现出"稳定币收益化"的典范。主要收益来源包括将抵押资产投入 Aave、Compound 等借贷市场获得的利率差，在 Curve、Uniswap 等平台提供交易对流动性时获得的交易手续费和激励代币（如 CRV、CVX），协议本身通过代币拍卖、债券发行或 FraxBonds 等机制获得的收入份额等。截至 2025 年 3 月，sfrxUSD 的年化收益率维持在 8.80% 左右，远高于传统稳定币（如 USDC、DAI）的零收益，也优于同类抵押型稳定币的收益（如 MakerDAO 的 sDAI、Liquity 的 Stability Pool 收益）。

算法稳定币的挑战与未来

算法稳定币完全依赖算法和市场机制，无须依赖中心化机构或抵押品，具有更高的去中心化程度。相比抵押型稳定币，算法稳定币不需要大量的抵押品，可以更高效地利用资本。但是，算法稳定币的价格稳定性高度依赖于市场条件和用户信心。在市场不稳定或用户信心下降时，算法稳定币可能无法维持其目标价格。2022 年 UST 的崩溃就是一个典型的例子，展示了算法稳定币在极端市场条件下的脆弱性。

算法稳定币面临的外部风险主要集中在法律与监管层面，尤其是其运行机制的复杂性可能引发与主权国家现行法律体系之间的冲突。例如，其内部设计中所引入的 BAB 和 BAS，可能涉及未经许可的融资行为，在当前证券法或商品法框架下存在显著的不确定性。特别是在美国，这些代币可能会因为满足"豪威测试"（Howey Test）中关于"投资合同"和"共同出资目标"的判定标准，从而被界定为证券。此外，BAB 的发行与回购行为，也可能被解读为满足"豪威测试"中的"依赖发行人或他人努力"这一核心要素；而系统对 BAS 持有者的利润分配，则可能构成"对收益的合理预期"，使其进一步落入证券监管范围。尽管已有研究注意到算法稳定币在法律合规上的潜在风险，并试图在现有框架下寻求监管路径，但目前针对这一新兴金融工具尚缺乏明确的法律法规与成熟的监管实践。

算法稳定币代表着去中心化货币制度的终极理想——摆脱一切中心机构，完全依靠算法与市场博弈来维护货币锚定。然而，现实证明：稳定不是算法的结果，而是制度、信任与储备的复合物。它像是加密金融世界的"理想国"，美丽但脆弱。如今，它也许退居边缘，但其思想价值，仍将影响未来对数字货币秩序的构想。

2.4　应运而生：收益型稳定币

数字时代的货币市场基金再现：收益型稳定币的兴起

收益型稳定币的兴起受到三大因素的推动：

第一，随着美联储自 2022 年以来快速加息，3 个月期美债的收益率在 2023 年和 2024 年长期维持在 5% 以上，美元计价资产重新变得有吸引力。传统稳定币（如 USDT、USDC）本身并不向持有者支付利息，而发行方（如 Circle、Tether）却将储备资产投向美债和货币基金，赚取可观收益。这种"协议赚利，用户白拿"的结构引发了用户的不满与市场呼声。持币用户不再满足于稳定币仅"锚定 1 美元"的功能，而是要求其也能分享收益，避免"资金沉睡"。

第二，DeFi 用户日益成熟，除了追求资产安全与交易便利，也开始注重"可持续被动收益"。与此同时，越来越多的传统机构通过现实世界资产桥梁进入加密市场，他们习惯于"低风险＋有收益"的产品形态。

第三，随着更多玩家进入，竞争加剧，稳定币产品进入差异化阶段。当前市场稳定币产品同质化严重。除 USDT、USDC 垄断外，新入局者（如 USDM、USDY、sDAI、RLUSD 等）必须构建差异化价值主张。收益型稳定币正是此背景下的一种"下一代"解决方案。

当前稳定币收益化趋势，与 20 世纪 70 年代美国货币市场基金兴起时的背景与动力存在显著相似之处。彼时，受限于监管制度（1933 年美国《银行法》关于存款利率管制的第 Q 条），美国商业银行无法为支票账户支付利息，企业和机构投资者面临"资金闲置、无回报"的困境。货币市场基金正是在这种制度限制下诞生，作为一种创新工具，将短期现金头寸便捷配置于国债、商业票据等安全资产，实现流动性与收益的平衡。

同样，在加密市场中，稳定币最初仅作为价格锚定工具使用，缺乏收益属性。而随着市场成熟与用户需求变化，特别是在传统加密借贷和交易热度下降之后，用户开始更关注链上资金的"机会成本"。因此，稳定币发行方逐步引入收益机制（如现实世界资产投资、质押回报、DeFi 套利等），以回应"稳定性＋收益"的双重需求，正如货币市场基金在 20 世纪金融压抑背景下所实现的市场突破一样。两者的故事皆体现出在金融工具创新过程中，如何在监管环境与资本效率之间寻找新的制度性套利空间。

利率型收益：稳定币在链上的核心盈利路径

DeFi 协议构建了无需信任中介的金融基础设施，稳定币在其中扮演着"无波动锚定资产"的角色。用户可将手中闲置的稳定币投入各类协议，以获得被动收益。这种收益方式广泛应用于散户、DAO、链上基金及套利机器人，具有安全边界可控、参与门槛低、流动性高等优点。

存入借贷协议：赚取利息收入

用户将稳定币存入如 Aave、Compound 等去中心化借贷协议，成为出借人，而其他用户或协议可以以抵押物为担保向其借入这些资产，借款人支付利息，出借人按比例获得收益。这一方式适用于风险厌恶型用户，借贷资产安全性高时，收益取决于供需情况。截至 2025 年 5 月底，在 Aave 上，USDC 的存款利率约为年化 3.2%；在 Compound 上，DAI 的借贷年化收益在 2.5%—5% 之间浮动；在 Spark Protocol（由 MakerDAO 推出）中，sDAI 的年化收益为约 5.0%，来源于 Maker 将 DAI 投入现实世界资产获得利差回报。

提供流动性：赚取交易手续费与协议激励

在去中心化交易所（如 Uniswap、Curve）中，流动性提供者（liquidity provider）向某一交易对的资金池中注入等值的两种资产（如 USDC 与 DAI），从而为其他用户的交易提供资金基础。这些交易者在进行代币兑换时，会支付一笔交易手续费，该费用由所有流动性提供者按出资比例分享。与加密资产交易对（如 ETH/USDC）相比，稳定币交易对的价格波动极小，因而流动性提供者面临的无常损失（impermanent loss）也极小，是"低风险、高稳定收益"的代表路径。此外，为了吸引流动性，平台通常会额外发放平台治理代币（如 Uniswap 的 UNI、Curve 的 CRV、Balancer 的 BAL）作为激励，进一步提升综合收益率。

Curve Finance 是稳定币流动性提供者收益的典范，其代表池是 3pool（DAI/USDC/USDT），手续费率约为 0.04%。稳定币持有者可以获得手续费分成和 CRV 激励，还可以进一步将流动性提供者的代币质押至 Convex 获取额外 CVX 奖励。

Uniswap V3 则是通过设定精细化价格区间增强资本效率。其核心机制是，稳定币提供者可以设定资金仅在某一价格范围内提供流动性（如 0.995–1.005USDC/DAI）。目前其收益来源全为交易手续费分成，无额外激励。

质押类稳定币：投资于获得协议利润分享

一些稳定币发行协议会推出质押版本（staked stablecoins），用户将稳定币质押至协议中锁仓，获得协议运营利润的分红，运营利润主要来自其现实世界资产投资、利息、手续费收入等。这是近年来收益率较高、风险较低的创新形式。随着 DeFi 逐渐向合规与效率融合演进，越来越多稳定币项目选择将其抵押储备资产投入现实世界资产中赚取"链下收益"，通过透明披露与链上审计进行资产管理，从而实现稳定币的"储备变现"与系统性收益来源。相比传统的"零利率"稳定币，采用现实世界资产模型的稳定币项目可以将部分链下利息返还给持有者或质押者，形成稳定币的"收入分配模型"。投资标的包括现金存款利息、货币市场基金、政府债券等。稳定币协议可将此收益用于补贴持有者、平台治理支出与协议收入再分配，或者直接作为项目方利润，用于激励代币持有者或支撑生态发展。

sDAI 是 MakerDAO 推出的 DAI 存款利率代币，用户将 DAI 存入 Spark Protocol 后获得 sDAI，可按协议设定的利率自动生息。而 DAI 则会被用于投资现实世界资产（如短期美债）以获得利差，或者存放于 USDC、Gemini Earn、Coinbase 等外部平台上获得储蓄利息。sDAI 的合规性强，是目前最接近"链上美联储国债替代品"的稳定币资产。

类似地，用户可将 frxUSD 锁定为 sfrxUSD，协议将锁仓资产通过现实世界资产投资、借贷平台和流动性池赚取收益，按比例回馈质押者。

算法机制内部的激励性收益

在算法稳定币的设计架构中，由于缺乏抵押资产直接支撑其锚定机制，因此往往引入具有经济诱因的内部激励机制，以推动用户在系统出现价格偏离时参与调节。这些机制不仅维持了算法稳定币的价格稳定，也为参与者带来了潜在收益机会，形成"稳定性—收益性"的双重机制设计。

债券代币：承担逆周期套利角色

前文已简单提及其中的基本逻辑，具体来说就是，当算法稳定币价格低于锚定值（如 1 美元）时，系统会允许用户以折价"购买债券代币"，相当于先"借给系统资金"，等稳定币价格恢复后再兑换成原始币种，赚取价格回升后的差价。比如，在 Basis 系统中的 BAB，当 BAC<1 美元，用户可用 BAC 折价购买 BAB，等 BAC 恢复至 >1 美元时，可按 1:1 比例赎回 BAC，实质上构成了"链上无抵押债券"套利市场。对于用户来说，其有权以折价认购债券代币，等币价回升后高价赎回。不过，若系统无法恢复稳定币锚定，债券将长期无法赎回，甚至作废。

治理代币带来的间接收益：参与制度红利分配

许多算法稳定币引入治理代币（governance token），不仅用于投票治理，更作为系统利润的分配凭证，为用户提供间接的长期激励。治理代币通常与算法稳定币价格稳定机制挂钩，如铸造 / 赎回需销毁或质押治理代币。系统的铸币税收入、债券利差收益或流动性"挖矿"激励，部分会被分配给治理代币持有者。

用户购买并质押治理代币（如 ENA、FXS），可以在治理机制中获得投票权、费用返还与战略激励，还可以获得治理代币价格增长带来的资本利得。此外，用户还可以通过"质押"获得协议分红。

交易所和 CeFi 平台的资产配置选择

除去 DeFi 世界中多样的稳定币运用方式，在中心化金融平台（CeFi）领域，稳定币也被广泛用于结构化资产配置。许多大型交易所（如币安、OKX、Coinbase）及金融科技平台（如Nexo、Matrixport、BlockFi）都推出了针对 USDT、USDC 等稳定币的资产配置组合，一般有以下几种类别：

一是固定收益类，即平台集中管理用户存入的稳定币，并将其用于如放贷、质押、做市等业务，获取利差后向用户按固定利率支付收益。年化收益率具体取决于市场利率与平台政策，一般支持按日、7 日、30 日、90 日等期限选择。例如，截至 2025 年 5 月，币安针对 USDT 和 USDC 提供灵活储蓄，利率在 3% 和 6% 之间；Coinbase 针对 USDC 提供 USDC Rewards，利率在 4% 左右。

二是"双币"投资（dual investment）类，即用户以稳定币（如 USDT）或 BTC/ETH 等加密资产买入相关投资产品，若到期价格触发"兑换机制"，用户资产将以劣势价格被兑换（如 USDT换成 BTC）。它本质上是结构化产品，年化收益率相对较高，适合有一定判断力和风险承受能力的用户。目前币安上提供的 Binance Dual Investment，以及 OKX 上提供的 OKX Dual，就属于该类别。

三是抵押借贷类，本质上对应的是中心化平台提供"抵押借出"业务，即用户借出稳定币，平台将其用于其他用户抵押借币行为，以赚取中间利差，或用户反向抵押 BTC/ETH 获取稳定币，用于流动性需求。

稳定币衍生品与期权交易收益

在衍生品市场，稳定币常被用作保证金或结算货币，交易者借此进行杠杆交易以放大收益。例如，在 Binance Futures 使用 USDT 作为保证金做多 BTC 永续合约；或者在 dYdX、GMX 上用 USDC 保证金开 ETH 杠杆头寸。这一类交易的基本逻辑是在上涨行情中获得超额回报，同时保有稳定币本金的流动性；但是，如果市场方向判断错误，也将造成本金亏损或面临被强平的风险。

某些机构正在尝试构建稳定币利率衍生品市场，模拟传统债券市场中的利率互换（interest rate swap, IRS）结构。例如，Voltz Protocol（DeFi 利率互换协议）允许用户基于 Aave、Compound 的借贷利率，构建浮动利率与固定利率之间的互换合约。用户可以将 USDC 存入协议，锁定固定收益，同时将未来浮动收益"卖出"给愿意承担利率波动的对手方。这种模式类似传统利率互换中，机构对冲利率风险、捕捉套利机会。通过构建稳定币的"债券收益率曲线"，推动链上固定收益市场发展。一些机构投资者可以借此对冲利率波动风险，增强资产组合稳定性。

永续合约平台如 dYdX、GMX、Binance Futures 等，在合约价格与现货价格偏离时会引入资金费机制（funding rate），鼓励市场回归均衡。当资金费为正，可以做多现货并做空永续合约（收资金费）；当资金费为负，则做空现货并同时做多永续合约。交易者可以用 USDT/USDC 作为抵押物，构建"无方向性套利"组合，仅赚资金费差。这种策略的风险是，投资者需要精确控制仓位与对冲比例，有时候面临资金费反转、极端行情、流动性不足等风险。

高级投资者可通过期权策略增强稳定币收益，例如卖出

USDT 的看涨期权，获得权利金，前提是对未来价格保持稳定预期。或者可以参与结构化产品，如 USDC Collared Vaults，限定收益区间的同时增强稳定币收益率。还可以使用 Lyra、Dopex 等 DeFi 期权协议进行链上期权交易，构建"牛市价差""铁鹰式"等策略，增强资本效率。

收益多元化对稳定币发展的影响

过去，许多稳定币仅依赖单一机制（如锚定或抵押）维持运行，缺乏内生收益模型。随着收益来源的多样化，稳定币项目开始具备"自我造血"功能，这提升了协议的财务健康度，使其在无需持续融资的前提下，也能良性运转并扩展应用场景。多样化的收益模型让用户不再仅仅是使用稳定币的"过路人"，而是可以获得实际收益的生态参与者。这种机制增强了用户黏性与资本沉淀，提升了协议的总锁仓量和稳定性。

传统稳定币作为"支付工具"存在，收益为零。多元收益结构将稳定币逐步转化为具备收益能力的"资产类别"，吸引更多机构资金进入，加速稳定币金融化。未来稳定币将逐渐参与利率互换、杠杆套利、衍生品交易，向传统金融产品（如货币市场基金）靠拢，增强可比性。

此外，多元收益来源也有助于缓解对某一类市场或机制的依赖风险。例如，现实世界资产收益不依赖链上行情，自动做市商手续费和流动性有关，但与价格波动相关性低，从而提升协议在熊市或极端行情下的抗风险能力。

稳定币从"仅稳定"向"稳定＋收益"转变，促使监管机构重新评估其金融属性（如是否属于"货币市场基金"或"结构性存款"），倒逼行业主动披露资产构成与收益分配方式，推动合规建设。

当然，我们还需要提醒，**稳定币只是数字资产的一种形式，其本身并不等于"稳收益"或"低风险"；凡是宣传"高收益、零风险、随存随取"的投资项目，尤其要提高警惕，谨防陷入骗局。**

第 3 章　基础设施：稳定币的系统架构

3.1　发行者：从"代币工厂"到金融基础设施建设者

稳定币的发行方是稳定币生态的核心枢纽，承担着稳定币的创建、锚定资产的管理、赎回机制的运营及合规事务的履责。它们不仅决定了稳定币的信用边界与流通机制，也在很大程度上影响着全球金融、科技、支付和监管生态的走向。

现有的稳定币发行方：垄断与转型并存

回顾第 2 章可见，当前全球稳定币市场形成了高度集中的"寡头格局"，主要由四大发行方主导：Tether（USDT）、Circle（USDC）[①]、MakerDAO（DAI）和新兴项目 Ethena Labs（USDe）。

[①]　此处要说明的是，在成立之初 Circle 是技术开发与法币托管方；Coinbase 作为联合发起人之一，主要负责流通渠道和交易支持。二者共同成立了一个治理联盟 Centre Consortium，专门负责 USDC 的合规、技术标准和运营协调。2023 年 8 月，Circle 宣布将把 Centre 的治理职能收归自己；Coinbase 虽退出治理，但仍是 Circle 的战略合作伙伴，同时也是 Circle 的股东之一。故本书中提及 USDC 的发行时多只论及 Circle，后文不再作单独说明。

这些发行方不仅掌握了绝大多数流通量，也在稳定币的市场结构、业务模式和发展路径上代表了不同的逻辑与战略方向。

Tether 是全球最早、最具影响力的稳定币发行方，其旗下稳定币 USDT 长期稳居稳定币市值榜首，占据稳定币总市值的逾六成。Tether 在透明度方面曾因未能进行独立审计和被纽约检方调查而饱受争议，但随着其季度报告的逐步公开（由 BDO Italia 审计），市场对它的信任逐渐回暖。2024 年，Tether 的净利润超过130 亿美元，其盈利能力已堪比全球大型银行。Tether 的发展逻辑偏向金融控股公司，其结构日趋多元化，在稳定币之外也开展比特币"挖矿"、支付网络投资、AI 通信项目等业务，力图构建"数字金融帝国"。

Circle 公司是第二大稳定币 USDC 的发行方。该公司持有美国金融犯罪执法网络、欧盟 EMI 等核发的多项牌照，合规性和透明度是其最大的亮点。Circle 公司的储备资产几乎全部投资于现金和短期美债，并接受德勤等会计师事务所的定期审计。USDC深度嵌入 Visa、贝莱德、DeFi 协议和中心化交易所，是稳定币中最"机构友好"的代表。

去中心化自治组织 MakerDAO 发行了加密资产抵押型稳定币DAI。DAI 的最大特点是无需法币储备，它通过超额抵押的以太币等资产维持锚定机制。2023 年起，DAI 也引入了现实世界资产和美债等法币储备，向"混合模型"演进。

Ethena Labs 推出了算法稳定币 USDe，通过"空头比特币 +做多美元"构建的对冲组合，试图实现链上稳定的美元收益。其设计虽具有创新性，但仍面临模型复杂、波动性大和流动性不足等挑战。

这些传统的发行方正在向"稳定币基础设施提供者"转型：从单一资产管理角色，迈向支付网络构建、API 开发者服务、链上治理、全球合规网络搭建等多重路径。

香港沙盒计划中的新兴稳定币发行者："港元加密化"赶潮人

2024 年，香港金融管理局正式启动"稳定币发行人沙盒计划"，标志着中国香港在亚洲率先迈出稳定币合规探索的重要一步。此举不仅为香港数字金融生态注入活力，也凸显其建设"Web3.0 国际枢纽"和"人民币离岸金融中心"的雄心。该沙盒计划允许获选机构在受控环境中测试稳定币的发行、赎回、托管与流通机制，同时强化 KYC、AML、储备金管理和技术审计等关键合规要求。首批入围的三组五家机构，代表了香港稳定币发展的三种典型路径。

京东币链科技（香港）有限公司（以下简称"京东币链"）是电商生态驱动的稳定币实践者。作为京东集团旗下的数字金融科技子公司，京东币链计划发行锚定港元的稳定币，服务于其全球电商供应链与跨境结算体系。相较于腾讯和阿里，京东在支付领域已失先机，因而其在科技领域的战略布局极具前瞻性，以避免再次错失重大机遇。京东进入稳定币市场，反映的是中国电商巨头集体出海的时代趋势，尤其是近些年来出海竞争愈加激烈。在这一过程中，跨境支付成为关键领域。然而，跨境支付面临着效率低下、地缘政治风险等一系列挑战，始终困扰着这些国际化扩展的企业。拓展稳定币的主要目标包括赋能跨境电商支付，降低商户结算成本、缩短结算周期，并绕开传统美元通道带来的外汇波动风险。结合京东自身在物流、仓储与采购信用评估体系上的优势，京东稳定币可以作为应收账款、预付货款的链上结算工具。未来，京东稳定币还可能拓展至京东平台广告投放、用户积分兑换、会员支付等场景，打造内嵌型数字货币闭环系统。京东币链的发展路径代表了"大平台牵引＋闭环场景优先"的发展逻辑，即通过已有的业务网络推动稳定币的实用性落地，为港元稳定币构建真实需求场景。

圆币创新科技有限公司（以下简称"圆币创新"）是一家香港本地的 Web3.0 初创企业，它计划在以太坊上发行锚定港元的稳定币，以 DeFi 应用和跨境支付为核心使用场景。其主要合作伙伴包括 Cobo 钱包（为稳定币提供链上资产存储与交易接口）、连连国际（连接海外支付通道与中国跨境结算系统）和香港本地金融机构。圆币创新的思路更偏向"DeFi 模块化"，通过开放接口接入多种链上协议（如去中心化交易所、借贷、跨链桥等），实现稳定币在流动性池中的高效流通。这种策略可将港元从传统金融体系引入链上，使其在全球 Web3.0 时代中扮演"亚洲链上的本位货币"的角色。圆币创新代表的是香港稳定币赛道中"轻量级、DeFi 先行、链上自循环"的发展范式。

由渣打银行香港分行、安拟集团（Animoca Brands）与香港电讯三方合资设立的稳定币发行项目结合了三方优势。渣打银行作为传统金融机构，负责用户法币资金的托管与审计。安拟集团作为本地 Web3.0 独角兽企业，负责开发智能合约与链上协议支持，连接 NFT、游戏、元宇宙等应用场景。香港电讯负责稳定币支付接口的接入与零售用户终端的部署，利用其在本地 5G 和物联网终端上的基础设施优势推动稳定币在消费者支付领域的可用性。

香港的稳定币发行生态正呈现出一种独特的"三明治结构"：顶部是政府主导的政策监管与沙盒制度，中部是机构联营的合规发行实践，底部则是平台场景与链上协议的不断接入。这使得香港成为全球首个系统性推进本币稳定币化、监管与创新并行的城市金融实验室，也为其他国家与地区提供了可复制的"合规稳定币进化模型"。

其他稳定币发行者：支付巨头、银行与科技企业的竞逐

随着稳定币监管环境的日益清晰化，如美国即将推出《Genius 法案》，欧盟的《MiCA 法案》开始实施，中国香港等地推出稳定币沙盒政策等，传统金融和科技巨头正积极布局稳定币业务。稳定币正在从加密原生资产逐步演化为下一代数字支付工具与全球清算通道，其功能价值和战略地位正在被重新定义，吸引了多类潜在发行者的加入。

金融科技与支付平台已经率先行动，意图让稳定币进入全球支付网络核心。如前文提到的锚定美元的稳定币 PYUSD，已被集成至 PayPal 美国区支付网络与 Venmo 系统中，成为首个由大型支付机构发行的稳定币。PayPal 将其视为推动 Web3.0 与现实

世界金融融合的关键桥梁。Visa 则提出更加系统化的策略，推出 Visa Crypto Settlement Layer，与多家全球银行试点稳定币清算网络，并计划提供"稳定币白标服务"，赋能银行与金融科技企业定制稳定币产品。其全球加密货币项目负责人凯·谢菲尔德（Cuy Sheffield）公开表示，Visa 视稳定币为比传统卡网络更具长期潜力的支付架构。Stripe 与 Revolut 等金融科技公司，则在积极评估发行欧元稳定币或美元稳定币以服务其 B2B 跨境结算与虚拟卡支付系统的可行性。它们已具备强大的技术堆栈、合规团队与全球支付基础设施，在稳定币监管到位后有望快速切入市场，打通"法币—稳定币—链上应用"的三端路径。

全球各银行集团也渴求稳定币发行所创造的巨额收益，希望从清算网络到链上资产托管入手参与稳定币的发行。除了前面提到的渣打银行香港分行以外，法国兴业银行旗下的 SG-Forge 早在 2023 年 4 月就推出了锚定欧元的稳定币 EURCV，并成为欧元区首批向散户开放的银行系稳定币项目。其目标不仅是打造新一代清算工具，也希望借此建立银行版资产代币化中台。此外，美国银行（BoA）、西班牙对外银行（BBVA）、德意志银行（Deutsche Bank）等国际银行正在内部评估稳定币项目，或将迅速启动试点。银行发行稳定币，不仅拥有资金信任优势，而且能实现与传统账户体系的无缝对接，为用户提供端到端的数字金融服务。

科技和零售巨头具有较强的生态优势，也希望将稳定币作为平台经济的"内部货币"。沃尔玛与亚马逊正试图在其庞大的电商、物流与金融科技生态中引入稳定币系统。据《华尔街日报》

报道，两家巨头均已在 2024 年成立加密研究团队，评估自建稳定币或整合第三方稳定币（如 USDC、PYUSD）的可行性，目标在于降低支付通道成本、缩短结算周期并提升资金周转效率。其最终目标是形成平台闭环内部支付系统，并进一步拓展至国际跨境结算。蚂蚁集团（Ant International）则已明确表示，将在中国香港与新加坡申请稳定币发行人牌照，用于跨境支付与财资管理服务。该集团试图借助稳定币整合其全球化金融网络，提升流动性调度能力与结算灵活性。京东、腾讯、美团等中国科技巨头亦在香港特区政府推出的稳定币监管试点中表现活跃，尝试发行场景型稳定币，以提高电商支付、供应链结算效率。

从加密货币原生团队主导的技术驱动，到传统银行和科技巨头参与的"支付系统融合"，稳定币的发行人谱系正在不断扩展。未来的稳定币发行人比拼的不仅仅是币本身，更是背后的钱包、支付、托管与平台网络能力。这一进程，将推动稳定币从加密资产的"美元代币"逐步演变为数字经济中的"超级账本单位"，而新一轮的竞争也将在支付网络、金融基础设施和消费者触点的融合中展开。未来的赢家，未必是单一发行人，而可能是掌握整个"支付—清算—生态"闭环的超级平台。

3.2 托管方与合规服务商：稳定币生态的信任背书者与风险防火墙

在稳定币生态系统中，托管方与合规服务商扮演着不可替代的角色。它们不仅负责保障储备资产的安全与透明，也承担合规治理、AML、KYC等金融监管关键职责，是稳定币可持续运行的"后台中枢"。

托管方的角色与机制设计：锚定价值的"守门人"

稳定币作为锚定法币（如美元、港元）的加密资产，其能否获得公众信任，最关键的因素之一就是其储备资产是否真实存在且能随时兑现。因此，托管方必须确保稳定币的每一单位有等值的安全资产提供支持，这些安全资产通常表现为现金、活期存款、短期政府债券等高流动性资产。

托管方的核心职责包括：为稳定币发行人提供合规的银行账户或托管账户；持有并监督储备资产与稳定币发行量保持1:1的比例；定期向审计机构披露资产负债情况，确保信息透明；配合发行人完成稳定币的铸造与赎回流程。在全球主要稳定币体系中，托管架构逐渐趋于专业化、机构化，尤其是在受监管市场中，一般要求托管银行持有数字资产相关牌照或具有特定资质。

目前，几大主要稳定币中，USDC的储备资产由纽约梅隆银行、贝莱德等大型金融机构托管，并接受德勤的定期审计。USD1则由受监管的数字资产托管公司BitGo负责资产托管。DAI的抵押资产在链上托管，但随着其资产结构中引入现实世界资产，DAI的发行人也与TradFi托管机构展开合作。

随着香港金融管理局在2024年推出沙盒计划，托管服务也成为中国稳定币产业链的重要一环。其中，众安银行作为香港首家为稳定币发行人提供储备银行服务的数字银行，已率先获得行业关注。2024 年 11 月，众安银行与 HashKey Exchange 合作，成为亚洲首家为零售用户提供加密资产交易服务的银行，进一步延伸其服务链条至交易端；其中，收费条目包括佣金及平台服务费。通过"储备＋交易＋合规"的一体化布局，众安银行正尝试打造亚洲地区稳定币金融基础设施的样板。

合规服务商：KYC/AML 的外部专业赋能者

稳定币若要在全球范围内获得主流金融体系和政府监管机构的认可，其合规性是不可或缺的基石。特别是在美国、欧盟、中国香港、新加坡等主要司法辖区，合规不再只是"监管友好"的选项，而是稳定币能否合法存在与广泛应用的生存门槛。

与传统银行不同，许多稳定币发行机构自身并不具备构建全套合规系统的能力。因此，它们普遍依赖外部专业合规服务商，在"身份识别—交易审查—风险评估"全链路中构建合规基础设施。这些服务商提供的解决方案已成为稳定币生态不可或缺的底层模块。

链上审计与风控系统：可追溯性与实时响应

Chainalysis、TRM Labs 和 Elliptic 等合规服务商是当前全球最主要的链上审计与情报提供商。它们通过机器学习与图谱分析，对区块链上的每一个交易、地址和钱包行为进行画像建模。其核心服务包括：对地址风险进行评分并监测黑名单（例如与"暗网"、诈骗、恐怖融资相关的地址）；路径追踪与反洗钱分析；

为稳定币发行方、交易所、银行等提供标准化合规报告，与金融监管部门共享信息接口。尤其是在稳定币作为跨境支付工具被广泛使用的当下，这类服务已被视为防止其沦为"匿名洗钱工具"的关键屏障。

KYC/AML 服务：快速部署与低成本扩张

以 Sumsub、Jumio、Onfido 为代表的提供"KYC 即服务"（KYC-as-a-service）的服务商，专注于为稳定币平台提供标准化、模块化、合规友好的身份认证解决方案。在准入审核方面，提供多维身份验证，包括人脸识别、证件扫描、地址证明校验、活体检测等。在全球法规适配方面，支持多语言界面与不同司法辖区的身份验证标准（如美国的《银行保密法》、欧盟的 AML 指令、中国香港的《打击洗钱及恐怖分子资金筹集（修订）条例》）。在日常经营方面，提供持续监控与风险分层，对高风险用户设定更严格的审查级别，并进行交易频次、金额、行为模式的实时监控。这些系统可大幅缩短平台的合规接入时间，提高 KYC 审核效率，并在不牺牲用户体验的前提下达到监管要求。

"合规即服务"兴起：推动稳定币发行标准的模块化

在中国香港、日本、新加坡、阿联酋等合规监管体系日趋成熟的市场中，托管方与合规服务商被视为稳定币合法发行的"双轮驱动"。这意味着即便发行机构不是银行或大型金融机构，只要与持牌托管机构和专业合规服务商合作，也可满足监管要求，从而构建合法、透明、可持续的稳定币运营模型。

这一趋势推动了"稳定币即服务"（stablecoin-as-a-service）的兴起。例如：Paxos 提供白标稳定币发行平台，内置合规与托管功能；Anchorage Digital 提供稳定币"储备托管＋链上风险监控"；Notabene 提供虚拟资产服务提供商（VASP）之间"旅行规则"（Travel Rule[①]）的合规数据传输方案。这些合规中介的存在，使得稳定币发行不再是少数巨头的专利，而是可以被标准化和大规模部署的普适型金融工具。

3.3 流动性提供者与交易平台：稳定币流通的发动机与终端接口

在稳定币的运行生态中，交易平台与流动性提供者处于价值链的中游与下游，它们既是稳定币进入市场、实现价值发现的关键渠道，也是用户实现法币兑换、加密资产交易和 DeFi 参与的基础设施。没有它们的支持，稳定币的铸造、流通和赎回将难以高效实现。

中心化交易所（CEX）：流量枢纽与流动性的核心

目前，中心化交易所仍是稳定币流通、交易和价格发现的核

---

① "旅行规则"指的是由金融行动特别工作组提出并针对虚拟资产服务提供商扩展的"汇款随行规则"。其核心在于要求虚拟资产服务提供商在处理与其他虚拟资产服务提供商（或传统金融机构）之间的加密资产转账时，必须收集并共享汇款人、收款人、交易细节等信息。此机制确保"个人信息要随币一起走"，以增强可追溯性和防洗钱能力。

心枢纽，是全球稳定币"铸造—分销—兑换"链条中最具现实影响力的参与者。Tether 的 USDT、Circle 的 USDC 等主流稳定币在发行后，通常不是直接流入支付场景或金融场景，而是优先进入币安、OKX、Coinbase 等头部中心化交易平台，形成强大的流动性基础和价格锚定机制。

这些平台不仅拥有数以千万计的全球注册用户和丰富的币种交易对，而且在"稳定币流动性 + 法币出入金 + 跨链转移 +OTC 撮合 + 合规桥梁"等多个维度上构建了围绕稳定币的完整商业闭环。中心化交易平台广泛提供以稳定币计价的加密资产交易对，例如 BTC/USDT、ETH/USDC、SOL/USDT 等，使稳定币成为数字资产交易的"货币单位"和主流标价方式，极大地提高了其使用频率，延长了留存时间。

稳定币能否成为"美元数字化载体"的关键，在于其能否实现与法币之间的便捷互换。中心化交易平台在这一过程中扮演着重要的角色，很多都提供 USD、EUR、HKD、JPY 等多种法币与稳定币的直兑通道。这一机制也使中心化交易所成为稳定币的"入金高速公路"与"赎回桥梁"，极大地提高了稳定币在全球市场的流通效率。

部分中心化交易所不仅提供交易和兑换，还充当稳定币"一级市场"的代理节点，协助机构客户完成稳定币的铸造和赎回流程。例如，Coinbase 作为 USDC 的联合创始方，允许用户在其平台内按 1:1 的比例申购或赎回 USDC。这一机制的存在，不仅提升了稳定币的可达性，也增强了其赎回机制的可信度。

为了增强对稳定币的控制力，提升利润空间，部分交易所还推出了自有品牌稳定币，或与其他金融机构合作拓展稳定币业务。币安曾发行 BUSD，与 Paxos 合作实现合规运营，最高时市值突破 200 亿美元，虽后因监管原因退场，但其经验仍具启示意义。目前，币安正积极推动 FDUSD 的使用，将其定位为 USDT 的"合规替代品"。

去中心化交易所（DEX）：稳定币"无许可交易"的核心支点

相较于中心化交易所高度集中的撮合机制和托管服务，去中心化交易所以"链上执行、资产自托管、权限开放"的模式，构建了无需信任、开放透明的交易环境，成为稳定币在 DeFi 体系中的核心枢纽和创新场景的前沿阵地。去中心化交易所不仅承担了稳定币的交换功能，更成为稳定币与各种链上协议之间的价值枢纽，维系着整个去中心化金融生态的流动性命脉。

与传统撮合机制不同，去中心化交易所通常采用自动做市商（automated market maker，AMM）模型，通过流动性池撮合交易。流动性提供者将稳定币和其他资产（如以太币、比特币或其他稳定币）按照特定比例注入流动性池中，系统根据恒定乘积等算法自动完成定价和撮合。

主流去中心化交易所中，稳定币相关的流动性池和交易对已经形成一定程度的链上"基础设施"。目前交易规模最大的去中心化交易协议是以太坊上的 Uniswap，它拥有众多稳定币交易对，其链上透明度高、接口标准化，是许多钱包和协议默认集成的基础交易层。Curve Finance 专注于稳定币之间的低滑点① 兑换，主打同质资产（如 USDC、USDT、DAI）互换。它通过采用专门为稳定币设计的定制 AMM 曲线模型，有效降低了波动和损耗，是 DeFi 项目中的"稳定币稳定器"。BNB Chain 上的 PancakeSwap 服务于币安智能链生态，稳定币交易池广泛（如 USDT/BNB、USDC/CAKE 等），成为链上资产流通的主通道之一，尤其对小额用户和亚洲市场具有高度渗透力。

稳定币在去中心化交易所中的流通，不仅实现了币币兑换，更强化了其"信用—共识—定价"的链上生命力。不同于中心化平台的托管逻辑，去中心化交易平台上的每一笔交易、每一笔增发或兑换操作，均可在区块链上溯源与验证，极大增强了用户的信任与主动性。

此外，许多新兴算法稳定币（如 Frax、USDe、LUSD 等）也依赖去中心化交易所实现初始交易需求和锚定机制，如通过创建流动性池来稳定价格、提供套利路径等。这一机制使得去中心化交易所不仅是分销渠道，更是稳定机制本身的一部分。

总体来看，去中心化交易所的流动性来自社区用户和专业做市商，他们将稳定币和其他资产投入流动性池，并通过交易手续费获得回报。在 Curve Finance 等平台，流动性提供者还可获得额外的治理代币奖励（如 CRV、veCRV），形成"挖矿＋治理"的

---

① 低滑点通常代表交易对池子深、流动性强，大额资金可以在不引起市场剧烈波动的情况下进出。

复合激励模型。

去中心化交易所尽管在链上提供了极高的自由度和透明度，但在现实中仍面临一定限制。首先是高交易成本与区块链性能制约。在以太坊主网上，每笔交易都涉及 Gas 费支出，尤其是在链上拥堵时，每笔交易的成本可能超过几十美元，不利于小额稳定币交易。其次是缺乏与法币体系的直接连接。去中心化交易所通常无法提供法币入金功能，导致其稳定币交易更多的是服务于链上资产调仓，而非现实支付场景。用户需通过中心化交易所或场外交易平台桥接现实资金。最后，去中心化的特性使去中心化交易所在合规路径上相对滞后，尤其是在欧盟 MiCA 框架和中国香港稳定币法规日益细化等监管加强的背景下，如何嵌入"链上KYC"机制，仍是待解之题。

场外交易（OTC）平台：大宗资金的"隐形管道"

在加密货币生态系统中，场外交易平台扮演着"隐形管道"的角色，支撑着大量稳定币在交易所之外低调、高效地流通。特别是在面对大额交易、合规复杂、区域敏感的交易场景中，场外交易平台的功能不可替代。

对于资金量级较大的机构客户，如家族办公室、加密基金、主权财富基金乃至央行级别的测试项目，公开市场通常无法满足其对滑点控制、清算效率和价格保密性的要求。此时，场外交易平台成为最优解。与订单簿机制相比，场外交易可通过撮合或对手盘方式"一口价成交",避免因交易体量过大而影响市场价格。它可在非交易时段、节假日进行交易,满足全球用户的全天候交易需求。结算方式包括多链稳定币交付(如 ERC-20、TRC-20、BEP-20)、法币银行转账、电汇等多样形式,提升了跨境大宗转账的便利性。

在许多监管不明朗或严格限制加密交易的国家和地区,场外交易被广泛作为一种"避险合规路径"。通过与受信的场外交易平台合作,用户可在不直接接触公开交易所的前提下,进行稳定币买卖、资金兑换与出入金操作。这些平台往往提供银行中介、第三方支付、虚拟银行卡等配套服务,实现"法币→稳定币→链上资产"的顺畅切换。在一些高净值人群或公司财资管理中,场外交易被视为"离岸美元账户"的平替工具,助力规避资本管制与外汇限制。

随着稳定币需求的增长与传统金融机构的入场,场外交易平台逐渐从"黑箱撮合"走向"半透明机构化"。Cumberland(隶属于 DRW)为机构客户提供定制化的大宗加密资产交易、稳定币兑换和清算服务,其撮合效率与交易结算能力广受认可。Amber Group 的总部设在新加坡,它为亚太地区用户提供涵盖稳定币交易、链上做市、托管与借贷的"一站式"服务。Genesis Global Trading 曾是北美最大的场外交易平台之一,不仅服务范围涵盖 BTC/USDT 的大宗交易,同时也是多个 ETF 发行方与"矿企"的对接平台之一。此外,一些新兴平台还围绕场外交易服务叠加构建"合规支付+稳定币汇兑+资产管理"的闭环生态,争夺更多的跨境支付市场份额。

尽管场外交易平台为稳定币提供了强大的支撑，但随着全球反洗钱法规收紧，许多司法辖区正要求场外交易平台披露交易信息、执行 KYC/AML 审核。此外，交易所自建场外交易部门、去中心化交易所层面大宗流动性池的崛起，正在不断地蚕食传统场外交易市场。部分场外交易未能上链记录，易滋生对冲失误、价格操纵与审计漏洞等风险。未来，合规、机构化、链上化将是场外交易平台可持续发展的关键词，特别是在稳定币成为主流金融支付基础设施的进程中，场外交易平台也需从"隐形管道"转型为"合规中枢"。

持牌合规平台的崛起：香港经验的代表性样本

随着全球稳定币的监管路径逐步明晰，中国香港作为亚太地区加密政策最前沿的试验田之一，正在探索一种更安全、透明、制度化的稳定币交易结构。在这一过程中，以 OSL Exchange 和 HashKey Exchange 为代表的持牌平台，不仅为本地用户提供了可信赖的交易通道，更成为稳定币进入主流金融系统的"桥梁型基础设施"。

OSL Exchange 是中国香港地区最早获得虚拟资产平台牌照的交易所之一，其合规实力与机构服务能力在整个亚洲市场具备领先优势。OSL Exchange 持有香港证监会颁发的第 1 类（证券交易）、第 4 类（提供证券建议）、第 7 类（自动交易服务）、第 9 类（资产管理）牌照，以及 AML 合规（AMLO）资质，形成涵盖交易、资管、托管的完整业务闭环。作为上市公司，OSL

Exchange 的财务报表接受"四大"审计机构监督，交易合规性、资产托管、反洗钱流程均符合国际标准，它因此成为不少银行、传统券商对接加密资产业务的首选合作方。其率先支持港元稳定币（如 HKDR、HKDG）的上线交易，为大湾区及亚太地区的本币结算需求提供服务，也为人民币国际化的探索提供可行样板。凭借监管信任和早期布局，OSL Exchange 已成为港元稳定币的重要流通枢纽，并以此为基础在新加坡、日本等地复制其"持牌交易 + 本币锚定 + 机构托管"的商业模式。

HashKey Exchange 作为中国香港地区第二家获香港证监会发牌的虚拟资产交易平台，虽起步略晚于 OSL Exchange，但其母公司 HashKey Group 是亚洲最大的加密金融集团之一，拥有丰富的行业资源和政策沟通优势。该公司由万向集团与多位前银行高管发起设立，具备区块链研发、资产管理、交易系统构建等多重能力，是 Web3.0 技术与传统金融融合的典型。HashKey Exchange 已接入香港本地银行渠道，支持法币出入金，提供港元、美元等法币与稳定币的直接兑换功能，降低了散户与机构的进入门槛。HashKey Exchange 的策略不是仅仅成为一个交易所，而是打造一个具备链上治理、资产代币化与跨境合规发行能力的"金融基础设施平台"。

3.4　钱包与支付平台：稳定币的"最后一公里"

稳定币作为新一代数字支付资产，其真正的普及并非在交易所，而是在"用户的钱包"与支付场景。钱包与支付平台，正是连接稳定币基础设施与终端用户的"最后一公里"，其核心功能包括：（1）资产存储，即安全保管稳定币、加密货币等数字资产，用户通过私钥或托管服务实现资产管理；（2）支付与收款，即实现点对点转账、商户收款、跨境结算等功能；（3）法币通道接入，即与银行卡、Apple Pay、Google Pay 等支付系统打通，实现用法币购买稳定币及赎回稳定币；（4）合规与风控支持，即嵌入 KYC/AML 模块，支持链上交易追踪与风控标签识别。

钱包：稳定币的"保管箱"与支付工具

钱包是稳定币的原生载体，目前主要有三种类别。第一种是托管钱包，如 Coinbase Wallet、Binance Wallet，由平台代管私钥，适合初级用户。它们往往与交易平台账户互通，方便用户快速购买、兑换稳定币。第二种是非托管钱包，如 MetaMask、Trust Wallet、Phantom 等，由用户自行保管私钥，更强调去中心化与隐私自主性，是 DeFi 用户的首选。第三种是企业钱包，如 Fireblocks、Copper、Bridge 提供的企业级托管钱包，强调多用户权限控制、安全审计、API 接入，服务机构客户。第四种是硬件钱包，如 Ledger、Trezor、Tangem 等，专为高净值用户或长周期持有者设计，保障大额稳定币资产的离线安全性。

钱包不仅是资产存储器，还是稳定币应用的接口：用户可以通过钱包参与交易、支付、跨链转账、流动性"挖矿"，甚至用于信用借贷和现实世界资产映射。随着链上身份（DID[①]）、零知识证明[②]、AI自动合规分析等技术的演进，稳定币钱包正从简单存取器向"智能数字金融账户"演变。如Argent、Zerion正在尝试将身份认证直接嵌入钱包界面，使用户合规登录不同的链上平台。新兴钱包如Rabby、Kresus等正在整合AI助手，实现交易提醒、风险监测、税务报表生成等自动化服务。一些钱包集成了链上行为评分与现实世界资产映射，用户可逐步获得链上信用额度。

支付平台：稳定币落地交易的服务提供者

支付平台是稳定币连接现实经济系统的核心管道，涵盖线上

[①] DID（decentralized identifier，即去中心化身份标识符）是一种基于区块链和分布式账本技术的身份识别机制，旨在赋予用户对其数字身份的自主控制权，并在无需中心机构的情况下，实现可信的身份认证和数据交换。它并不直接包含个人信息，而是指向相关的加密凭证和元数据。DID无须依赖政府、银行、社交平台等中心化机构来颁发或验证身份，完全由用户控制。

[②] 零知识证明（zero-knowledge proof，ZKP）是一种密码学技术，它允许一方（证明者）在不透露任何额外信息的情况下，向另一方（验证者）证明某个陈述是正确的。它在区块链中的应用包括：用户可隐藏交易金额和地址，实现匿名性；用户可证明自己满足某条件（如>18岁、拥有资格），而无需透露详细信息；验证某人是否通过实名审核，而不泄露真实身份信息等。零知识证明是区块链隐私与扩展性革命性突破的核心技术之一。零知识证明正在推动Web3.0从"公开透明"走向"安全隐私＋合规可信"，并为身份认证、金融交易、供应链溯源等多个领域打开了新的想象空间。

支付、商户收单、跨境结算等多个维度。在过去几年，大型支付平台对加密货币持谨慎甚至排斥态度。但随着稳定币合规架构日益清晰、市场需求快速增长，这些"传统支付巨头"开始积极拥抱加密资产，尤其是稳定币。

老牌的 Visa 和万事达分别与 Circle、Solana 等建立合作，将 USDC、USDT 作为清算资产引入各自的跨境 B2B 支付网络。线上支付巨头 PayPal 在 2023 年推出自有稳定币 PYUSD，并将其接入 Venmo 支付网络，以推进稳定币在消费者支付中的普及。一些交易平台旗下的支付平台，如 Binance Pay 和 OKX Wallet Pay 等，提供了稳定币收付通道，覆盖东南亚、拉丁美洲、中东等法币体系薄弱的市场，成为小额跨境支付替代 SWIFT 的潜在选项。

更典型的案例是 2024 年 10 月支付领域的独角兽 Stripe 以 11 亿美元收购稳定币平台 Bridge，标志其正式大举进入加密支付领域。Stripe 是世界上最大的在线支付服务提供商和处理商之一，该平台通过其开发人员友好的 API 帮助企业接受在线和面对面支付。仅在 2023 年，Stripe 就处理了超过 1 万亿美元的交易量，其采用排名仅次于 Apple Pay。

Bridge 是一个合规化的稳定币支付基础设施平台，致力于为企业和个人提供基于区块链的代币化美元转移服务。用户可通过电汇或 ACH 向平台指定的白名单银行账户汇入法币，用于购买稳定币；也可将加密资产发送至指定钱包，兑换为美元或欧元并提现至银行账户。平台在后台自动处理 KYC、AML 等合规流程，帮助用户简化接入流程，降低监管风险。目前，Bridge 已支持美元和欧元的法币结算服务，兼容在九个主流区块链网络上流通的五种稳定币。Bridge 的核心优势在于其强大的合规资质与政府合作背景。根据红杉资本的公开信息,截至 2025 年 5 月 Bridge 已获得美国 22 个州的汇款牌照,它全面遵守美国及欧盟的金融监管与反洗钱法规,并与美国国务院、财政部在资产跨境转移领域开展协作。此类合规"护城河"为其在全球稳定币支付市场中的拓展奠定了制度基础。

Stripe 借助收购 Bridge 获得了"合规加密支付即服务"(Crypto-Payments-as-a-Service)的能力,将稳定币无缝嵌入商户收款流程。Stripe 的合规服务覆盖美国的 22 个州,与美国国务院及财政部协同处理跨境资产。它已成为少数能大规模合法化部署稳定币支付的科技企业。"Stripe+Bridge"的组合可能推动数百万家中小企业直接集成稳定币支付选项,构建起类似"加密版支付宝"的网络效应,进而将加速稳定币在电商、SaaS 订阅、远程薪资发放、国际汇款等应用场景的扩展。

3.5 结算网络(公链):稳定币的"行驶公路"与竞逐主战场

稳定币的广泛应用离不开强大的底层结算网络的支持。这些公链不仅承担交易的记账、验证和最终结算功能,更决定了稳定币在支付、转账、清算等应用场景中的效率、成本与可扩展性。随着稳定币的功能从交易工具转向日常支付媒介,哪条链能成为其主要结算平台，正成为 Web3.0 竞争的核心议题。

稳定币交易对结算网络提出了多维度的技术要求：（1）高吞吐量，即能够支持大规模实时交易流，例如零售支付、汇款；（2）快速最终性，即确保交易不可逆，防止出现"双花"现象[①]，提升用户信任；（3）低成本与费用可预测性，即便于用户和商家预估交易成本；（4）抗审查性与高可用性，即保障全球用户自由使用；（5）真实经济价值（real economic value，REV），即体现链上商业活动的"含金量"，比 DAU/MAU 更具可信性。在这些维度上，不同的公链正在形成差异化定位，逐渐显现出"赢家通吃"的平台格局。

Solana：稳定币零售支付的"链上高速公路"

Solana 以其极高的交易吞吐量、极低的手续费以及快速的交易确认能力，持续赢得全球稳定币支付开发者的青睐。截至 2025 年初，Solana 链上稳定币的总锁仓量已突破 100 亿美元，成为公链生态中增长最快的支付基础设施之一。在这一基础上，围绕稳定币支付的应用如雨后春笋般迅速涌现，其中就有多个具有代表性的项目与应用场景。例如，Moonshot 实现了与 Apple Pay 的直

---

① "双花"（double spending）是指在数字货币或区块链领域中，同一笔数字资产被同时用于两笔或多笔交易的现象，本质上是对数字资产唯一性的攻击。它是区块链系统（尤其是比特币等去中心化系统）最核心要防范的安全问题之一。

接对接，为用户提供了无缝的链上支付体验；Pump.fun 则致力于降低链上资产发行的门槛，为创作者和小型项目提供即发即用的工具；Jito 则在提高验证者收入和网络效率的同时，成为高频支付场景中的技术基础。

Solana 取得这一系列成果的背后，是其独特的技术架构和对零售支付需求的精准回应。具体来说，其成功可以归结于以下几个关键因素：

第一，Solana 采用"本地费用市场机制＋并行交易架构"的模式，让热门应用之间不会相互挤占区块空间，从而避免了类似以太坊上出现的"Gas War"（矿工费大战）现象。这种交易机制架构，使交易成本更加稳定且可预测，为大规模支付场景提供了坚实的基础。

第二，Solana 的交易可以在约 800 毫秒内被网络确认，并在 13 秒内实现完全最终化（finalized），大幅减少了交易的不确定性，提升了用户体验。这一速度甚至可以媲美传统金融体系中的 Visa 和银联网络，极大地提高了其作为稳定币支付网络的可行性。

第三，Solana 有多元生态支持。它不仅拥有成熟的 DeFi 体系，还在零售支付、链上借记卡、POS 系统、NFT 交易市场等多个领域实现了规模化发展。例如，Solana Pay 正在被多家商户用于现场支付，而借助链上钱包 Phantom 和 Solflare 的推广，用户的支付接入门槛持续降低。

第四，Solana 上的真实经济价值领先全球。与许多公链生态"虚火"不同，Solana 网络上的交易费用、最大可提取价值

（maximal extractable value，MEV）捕捉 [1]、验证者激励等实际收入在 2024 年一度跃居全球公链之首。该数据的领先不仅体现了 Solana 商业化能力的增强，也反映出链上支付活动的真实存在和用户意愿的旺盛。

正因如此，Solana 的设计逻辑不仅仅是为 DeFi 而生，更是面向现实世界零售支付的终端场景而打造的。高速、低成本、可扩展的特性使其天然适合于稳定币驱动的零售支付网络，特别是在需要高并发、低延迟处理能力的链上支付场景中展现出独特优势。展望未来，随着稳定币的进一步合规化与全球化扩展，Solana 有望成为连接传统支付体系与加密金融世界的重要桥梁。

Base：美国稳定币政策落地的"本土结算层"

Base 是由美国最大的合规加密交易平台 Coinbase 发起并主导开发的以太坊 Layer 2 网络。自 2023 年上线以来，它凭借与 USDC 的高度集成、极具竞争力的交易成本，以及极快的确认速

---

① 最大可提取价值，原意为"矿工"可提取价值（miner extractable value），是指在区块链网络中，验证者（如"矿工"或质押节点）通过重新排序、插入或删除交易，从中获取的额外利润。最大可提取价值捕捉，指的是通过技术手段主动寻找、抢占并实现链上交易排序中的潜在利润，也就是利用交易打包顺序的"权力"或"机会"，从中提取经济价值的过程。通俗理解，可以把区块链交易想象成排队买早餐，如果有人知道前面的人要买很多包子，他就插队先买光，然后转头高价卖给后面那个人，这种"插队套利"的行为，就是最大提取价值捕捉。最大可提取价值越大，说明链上有频繁的交易机会、套利空间和高频互动，如去中心化交易所、借贷、清算等活跃。这往往意味着该链的 DeFi 或 NFT 生态繁荣，具有真实交易需求。

度，迅速成为美国本土市场中最受欢迎的稳定币支付基础设施之一。其愿景不仅是打造一个高性能的扩展方案，更是致力于构建一个与美国金融监管体系深度兼容的"本土结算层"，支撑未来稳定币在零售与机构端的全面应用。

作为 Coinbase 官方推出的公链，Base 与 Coinbase 的用户体系天然绑定。Base 拥有全球数千万合规用户的潜在导入渠道。Coinbase 钱包、交易所账户与 Base 网络深度集成，用户可以在无需跨链或采取复杂操作的前提下实现一键转账、结算与支付。这种用户基础与流量入口的整合，使 Base 在稳定币支付场景中具备先天的增长优势。

Base 与 USDC 的发行方 Circle 维持着紧密的合作关系，不仅在链上提供 USDC 的原生支持，还通过补贴交易费用、提供手续费豁免等措施，显著降低了商户和用户在日常交易中使用稳定币的成本。例如，在某些合作商户场景下，用户在使用 USDC 支付时可以获得"零 Gas"体验，这极大地提升了链上支付的便利性与可接受度。

此外，Base 当前采用"集中排序器 ①"机制提升金融级效率，能在保障链上安全性的同时，提供毫秒级的交易打包与确认效率。这种架构不仅大幅降低了交易延迟和最大可提取价值风险，

---

① 集中排序器（centralized sequencer）是许多 Layer 2 区块链扩展方案中的一个核心组件。Layer 2 为了提高扩展性，不能像以太坊一样每笔交易都立即共识确认。因此用户交易先在 Layer 2 层收集，排序器负责"安排顺序"，最终打包上传到主链保障安全性。集中排序器的优势是，单一排序者无需与他人协调，可快速打包交易，响应快，交易入链速度高。

也更适用于对确定性和性能要求极高的金融支付、工资发放、资金清算等场景。

在 Base 网络上，一批专注于链上工资、订阅、企业间转账的应用迅速发展起来，如 Peanut、LlamaPay 和 Superfluid。这些协议通过智能合约自动化周期性付款、流动支付和资金归集等功能，为稳定币在企业端的应用提供了完整的闭环。它们不仅简化了支付流程，也有助于推动链上财务管理的标准化与合规化。

虽然 Base 网络目前仍处于扩张早期，但其背后的战略支撑极为明确：依托于 Coinbase 作为美国合规加密金融核心平台的地位，并顺应 Circle 等稳定币发行机构的政策化方向，Base 有望在美联储、美国财政部、美国货币监理署（OCC）等机构日益关注稳定币监管的背景下，成为北美地区实现"合规稳定币走廊"构建的关键一环。其目标不仅仅是提升链上效率，更是在合规框架下打造一个服务美国金融体系的链上基础设施，为美元数字化进程提供实践路径。

以太坊主链：逐步走向稳定币"价值结算与仲裁层"

作为全球最具影响力的智能合约平台，以太坊主链至今仍是稳定币生态的核心承载网络。截至 2025 年，其所承载的 USDT、USDC 等主流稳定币的总市值始终高居全球第一，链上总锁仓量稳居公链之首，DeFi 协议数量、治理机制完善度以及流动性深度等指标，均显示出以太坊在高价值金融活动中的主导地位。

然而，随着链上交易活动的持续活跃，以太坊主链的拥堵和高昂的 Gas 费用问题愈发突出，尤其在 NFT 热潮、Layer 2 空投和 DeFi 高峰期，其交易费用一度飙升至数十美元。这种高成本和交易确认时间的不确定性，使其在稳定币"支付"这一强调效率和低成本的应用场景中逐渐失去吸引力。

事实上，稳定币在以太坊主链上的角色已经发生转变：它不再是日常交易的主要场所，而更像是高价值转账、资产结算、清算仲裁等"金融底层设施"。例如，DeFi 协议中的大额稳定币抵押、跨链桥的资金中转、DAO 资金池的价值归集，仍大量依赖以太坊主链的安全性和确定性。与此同时，日常小额支付、快速转账和用户交互活跃度更高的应用，则大多"转嫁"至以太坊的 Layer 2 网络以及其他高性能公链之上。如 Arbitrum、Optimism、Base 等以太坊 Layer 2 生态不断扩张，不仅支持 USDT、USDC 等稳定币的低成本流通，还提供"链下计算＋链上结算"的混合架构，既保留了以太坊主链的安全性，又显著提升了交易效率。2024 年起，众多支付平台、游戏协议、链上工资系统等日常支付类项目，均优先选择部署在 Layer 2 网络上。

展望未来，以太坊主链将逐步向"稳定币价值结算与仲裁层"演化。其角色不再是面向 C 端用户的零售支付平台，而是为全球链上的经济体提供最终性强、安全可信的价值锚定。稳定币将在主链上完成清算、审计、治理等底层金融活动，而其支付、流通和消费职能则越来越多地通过 Layer 2 网络和多链互操作体系得以延伸。换言之，以太坊正从"支付网络"演化为"价值网络"，稳固其作为全球链上金融核心清算层的地位，同时通过 Layer 2 网络和模块化架构，释放链下活动与链上治理之间的巨大协同潜力。

TRON（波场）：效率突出但面临合规瓶颈

TRON 作为一个高性能公链，自 2018 年起就以极低的交易成本和出色的处理速度迅速在稳定币领域站稳脚跟。尤其是在稳定币跨境转账、点对点汇款、在线博彩、场外交易等对低费用、高效率要求极高的应用场景中，TRON 几乎成为默认的基础设施选择。2025 年初，USDT 在 TRON 链上的发行量仍稳居全球第一，占据 USDT 总流通量的 50% 以上，远超以太坊、Solana 等其他主流网络上的发行量。

TRON 的手续费极低，平均每笔交易成本远低于 1 美分，适合高频小额支付及资金归集应用，尤其适合发展中国家、支付基础设施薄弱市场中的普通用户使用。通过采用委托权益证明机制（DPoS）[①]，TRON 完善了即时到账体验，交易基本可在数秒内完

---

① 委托权益证明机制（delegated proof of stake，DPoS）是一种区块链共识机制，是在传统的权益证明机制（PoS）基础上演化而来，由丹尼尔·拉里默（Daniel Larimer）在 2014 年首次提出，并应用于 BitShares、EOS、TRON 等公链。DPoS 的运行机制类似"代议制民主"，代币持有者（用户）投票选出一组代表（称为验证人/见证人，通常为 21—100 个节点），这些代表节点轮流打包交易并出块。DPoS 的优点是：代表节点少，交易确认快，适合高频使用场景；低能耗，无需像 PoW 一样高算力"挖矿"，节能环保；投票可以随时更换代表，具备治理灵活性。但是，DPoS 也存在中心化风险，少数代表掌握网络，可能合谋作恶。少数大户垄断投票权，节点更替困难，部分项目节点之间可能存在利益输送现象。相比 PoW 和 PoS，DPoS 在抗审查和抗攻击能力上存在争议。

成确认，显著优于以太坊主链等传统公链，满足了"即转即到"的用户期待。目前，TRON 被众多中心化交易所和非托管钱包广泛支持，用户在入金、出金、提现至银行卡等链下操作中均可便利使用，这极大增强了其链上稳定币的可达性与渗透力。非洲、东南亚、拉丁美洲等地区的用户和服务提供商因其基础设施不完善、法币波动较大，更倾向于使用 USDT 等稳定币进行支付和财富储存。TRON 的高性价比使其成为上述地区跨境汇款和在线交易的首选链。

然而，TRON 的迅猛增长也伴随着诸多风险，尤其是在合规性方面正面临日益严峻的挑战。它在过去几年中多次被卷入敏感用途和高风险活动的争议，包括与黑客组织、非法博彩、洗钱活动等频繁关联。部分地区对使用 TRON 网络的资金流动也开始设限。未来其能否在效率与合规之间找到平衡，将决定其在全球稳定币结算网络中的长期角色。

其他区块链试验场：尚难规模化破圈的多元尝试

在稳定币结算网络竞争日趋激烈的背景下，除以太坊主链、Solana、Base、TRON 等头部链之外，BNB Chain、TON、Arbitrum、Avalanche、Sui、Aptos 等新兴公链或区域性公链也在积极争夺稳定币的流通与支付流量。

BNB Chain 由全球最大的加密资产交易所币安主导，借助币安庞大的交易所用户基础，BNB Chain 在交易活跃度、USDT 使用频率上长期位列前列，特别是在东南亚、土耳其、中东等币安拥有强势市场的地区中，其稳定币交易具有显著优势。然而，BNB Chain 的交易所导向型生态也具有局限性。其生态高度中心化，链上活动对币安平台依赖极强，缺乏独立的开发者社区与通用型钱包接入，难以形成可持续的 Web3.0 零售支付或 B2B 支付生态。同时，BNB Chain 在合规方面因与币安绑定而受到多国监管挑战的牵连，限制了其作为合规稳定币结算网络的未来想象空间。

TON 是 Telegram 官方支持的公链，其最大特色在于将加密支付深度嵌入社交场景，推出如 Ton Spac 钱包、内置稳定币打赏、频道广告分润等机制。TON 通过 Telegram 的 9 亿月活用户，构建了一个潜在的巨量支付用户池，在"Web2.0 社交 +Web3.0 支付"融合方面走在前列。TON 网络上的稳定币如 USDT 已上线，并开始试点点对点转账、跨境打赏、创作者订阅等场景，尤其在中亚、东欧等 Telegram 使用密集的地区颇具增长势头。但 TON 的问题在于开发者基础薄弱、链上应用稀缺、节点机制不透明，技术架构尚未形成面向全球进行大规模金融结算的稳固基础，其支付网络仍更多停留在"轻量级实验"阶段。

Arbitrum 与 Optimism 是以太坊最成熟的两条 Layer 2 网络，已广泛支持 USDC、USDT 等稳定币的流通，并成为链上 DeFi 项目的主要部署地。两者在合规性、安全性上受益于以太坊主链的背书，在交易费用与执行效率方面也优于主链。不过，这些 Layer 2 网络当前的主要用户集中于 DeFi、空投捕捉者和流动性"挖矿"等"高频链上金融"群体，日常支付、商户对接、POS 系统等链下支付需求尚未形成闭环。

除此之外，Avalanche 也凭借其分片架构和低延迟特性，一度被视为稳定币结算的新秀；Sui 与 Aptos 则背靠前 Meta（Facebook）团队推出，强调"对象模型"和高可扩展性，试图在新兴开发者中建立差异化生态。但这些链条目前普遍面临开发工具链尚不成熟、钱包支持有限、用户增长缓慢等共性问题，稳定币流通量规模不大，尚未跑出具有示范效应的支付应用。更重要的是，合规性薄弱、缺乏与主流机构合作的桥梁，限制了它们进入企业结算或主权监管框架的可能性。

总体来看，这些"非主流公链"虽然在技术架构、用户体验或垂直场景中不断尝试差异化创新，为稳定币支付应用提供了多元的实验基础，但在合规性、开发成熟度、生态流动性、品牌背书等关键维度上，仍难与 Solana、Base 甚至 TRON 等链抗衡。除非能在特定国家政策护航下或通过绑定大型平台（如 Telegram、币安）实现突破，否则短期内它们难以实现规模化"破圈"，更难以成为主流稳定币结算基础设施的核心候选者。

第 4 章　如何改变世界：稳定币的市场应用

4.1　重塑全球支付体系：从技术替代到制度挑战

　　传统支付体系自 20 世纪中期以来基本是稳定的，其核心架构依赖中央银行主导的金融清算网络与银行间通信系统（如 SWIFT），并由商业银行、清算机构、支付网关等多层中介支撑。这种体系在保障交易安全方面发挥了重要的作用，但其结构的复杂性也导致全球支付存在普遍的三大"痛点"：高成本、低效率与存在准入障碍。例如，信用卡支付的每笔交易费用普遍在 2%—3%，国际电汇的费用往往高达 20—50 美元，实际到账时间长达 3—5 个工作日，严重滞后于数字化经济的节奏。尤其在跨境场景下，繁复的合规要求（KYC、AML 等）使得支付流程充满摩擦。同时，全球仍有超过 15 亿"无银行账户人群"处于金融系统边缘，无法顺利融入电子商务、在线支付和远程就业的经济体系。

　　稳定币作为区块链世界对传统货币的一种数字映射，正在逐步挑战这一旧有架构，并提供全新的支付范式。它们结合了区块链技术的去中介、高效、可编程优势与传统货币的币值稳定性，被视为"Web3.0 时代的美元替代物"和"新型全球结算媒介"。

稳定币的结构优势是去中介化、降低成本、提高结算效率，绕过传统金融多层结构，实现点对点、几乎实时的价值传递。以 USDC 为例，其在 Solana 链上的转账成本仅为 0.0001 美元，远低于银行系统中的电汇费用与信用卡交易费率。这一特性不仅对跨境电商、游戏支付、小额打赏极具吸引力，也使自由职业者、短期合同工能够以更低的成本接收全球雇主的付款。

与比特币等高波动资产不同，稳定币通过 1:1 锚定法币（美元、欧元等），使价格波动控制在 ±0.5% 以内，并因此具备支付与记账功能。这一设计对于商家、消费者与企业而言，避免了价格风险，这也成为稳定币能嵌入真实交易系统的关键。这些稳定币不仅可作为数字现金使用，也成为 DeFi、GameFi 和链上资产定价的锚点。

稳定币也为无银行账户人群提供了金融入口，极大地降低了金融服务的准入门槛。任何拥有手机和互联网连接的人都可通过 MetaMask、Trust Wallet 等数字钱包接入支付网络，无需传统银行账户。在非洲、拉丁美洲等金融基础设施薄弱地区，稳定币已被广泛用于抗通胀、远程汇款和线上交易。其正在成为这些地区的民众与全球经济连接的关键工具。

稳定币还具备"可编程货币"的属性，可通过智能合约实现自动支付、条件清算、按时释放资金等功能。企业可设定 USDP 智能合约自动发薪；国际贸易公司可在货物交付确认后，通过

USDO 自动支付尾款；保险平台可基于链上事件触发理赔款项结算，免去纸质证明与人工审核。这些机制降低了人工干预带来的错误率与道德风险，也为金融自动化提供了底层支撑。

随着全球开发者、交易平台和金融机构对稳定币的集成程度不断加深，其网络效应日益显著。2025 年，USDT 与 USDC 的活跃用户数分别突破 2 亿和 1 亿，每日交易量分别达 500 亿美元与 200 亿美元，涵盖支付、投资、结算、借贷、理财、抵押等多个维度。同时，钱包工具（如 Coinbase Wallet、Bitget Wallet）、跨链协议（如 LayerZero、Wormhole）与支付 API（应用程序编程接口，如 Circle CPN、Stripe Crypto API）将稳定币嵌入主流金融系统与互联网体系中，使其不仅"能用"，而且"好用"。

稳定币已不再是加密世界的小众实验，而是成为以跨链、低费、高效、可编程为特征的全球支付基础设施。它不仅补全了传统支付系统在效率与可达性上的缺陷，更预示着数字金融时代中货币、账户、支付、合约将逐渐趋于融合。未来，稳定币将在跨境结算、产业链金融、消费支付、储值理财中扮演日益重要的角色，并推动全球支付体系朝着更去中心化、可组合、智能化的方向演进，成为推动全球金融公平化与数字化的关键动力。

4.2 跨境支付的结构性瓶颈与稳定币的替代潜力

当前全球跨境支付体系主要依赖 SWIFT 报文网络及各国本地清算系统（如美国的 CHIPS、中国的 CNAPS、欧盟的 TARGET2

等），其运作依靠商业银行、代理行、清算机构与支付服务商等多重中介。这种高度中心化、层级复杂的体系，已经难以满足全球贸易数字化和实时化的时代需求，暴露出诸多结构性问题。

首先，成本高企。根据麦肯锡《2016 全球支付》报告的数据，传统跨境支付平均每笔交易费用为 25—35 美元，是国内支付费用的 10 倍以上。电汇费用动辄高达 50 美元，第三方平台（如 PayPal、Stripe）更是额外叠加交易费和汇兑费，合计费用高达交易金额的 5%—8%。根据世界银行的数据，截至 2024 年第三季度，全球汇款平均费率为 6.62%。

其次，效率低下。跨境支付通常需耗时 3—5 个工作日才能完成，部分地区如非洲、南亚因中介多、合规要求繁复，可能需等待长达一周。这种结算延迟严重制约了企业现金流周转与个人紧急资金调配。

再次，技术标准分裂。SWIFT 虽覆盖全球 200 多个国家和地区、触达 1.1 万家金融机构，但各国和各地区对报文格式（如MT103）解释不一，导致交易信息需层层转译与确认，增加了错账与误清算风险。

更重要的是，随着近年来国际冲突频发、地缘政治博弈加剧，SWIFT 系统在面对这些复杂形势时的反应和表现，已引发全球关注。例如 2022 年，美欧将俄罗斯数家银行排除出 SWIFT 系统，直接导致相关银行的国际支付链中断，凸显了中心化清算网络在复杂国际环境下的脆弱性与制裁风险。

以 USDT、USDC 等为代表的稳定币，作为锚定法币的数字资产在区块链上运行，它们具备天然跨境、去中介、透明与高效的特征，逐渐成为传统跨境支付体系的有力替代。稳定币交易绕过银行、代理行与清算机构，通过链上 P2P 网络点对点完成。相较传统跨境电汇的 30—50 美元的手续费，成本下降 99% 以上，对跨境电商、劳务汇款、小型贸易来说极具吸引力。并且，稳定币的交易结算速度快，可在数秒至数分钟内确认。例如 Solana 链上的 USDC 交易仅需 1—2 秒；以太坊上的 USDP 交易约需 30—60 秒；XRP Ledger 上的 RLUSD 交易平均 3—5 秒即到账。这为资金流动性要求高的企业和急需资金到账的个人提供了极大的便利，尤其适用于供应链金融、国际 B2B 贸易和务工汇款场景。

并且，稳定币是在去中心化区块链网络上运行的，即使某一地区被排除出 SWIFT 等传统清算体系，也仍能使用稳定币完成跨境结算，实现跨境支付的"技术中立性"。当然，这可能引发监管合规争议。

从币种来说，稳定币支持锚定美元（USDT、USDC）、欧元（EURC）、港元（HKDG）乃至人民币（部分试点项目），用户可根据市场需求灵活选择结算币种。通过智能合约可设定自动结算的条件，降低人为干预，优化贸易融资效率。例如，USDO 可设定"货物到港即付款"条款。

目前，稳定币跨境支付已经在多个领域实现落地。在企业支付方面，如 Bridge 公司提供 USDC 与法币的自动兑换 API，助力中小企业实现全球低成本结算；在电商结算方面，稳定币嵌入 AliExpress、Shopify 等电商后台，提升海外结算速度；在个人汇款方面，劳务人员通过 USDT 或 USDC 在 P2P 平台汇款，手续费仅为传统汇款的 1/20。

稳定币作为跨境结算工具的崛起，也对传统监管体系提出了挑战。由于点对点交易绕开了银行 KYC 机制，人们普遍认为稳定币存在被用于资金外逃、避税套利等风险。此外，链上交易难以识别用户身份与交易性质，可能导致国际收支统计失真。USDT 部分链上资产缺乏储备证明，也存在一定的风险。

总的来说，我们预计稳定币将重塑全球支付格局。随着全球贸易链条碎片化与数字化的趋势加强，传统跨境支付体系的高成本、低效率与地缘依赖已难以适应市场的需求。而稳定币借助区块链技术的开放性、透明性和去中介特征，为构建高效、公平、全球化的价值流转网络提供了可行路径。未来，在监管协调、合规机制与链上基础设施逐步成熟的基础上，稳定币有望从加密货币生态的边缘工具，成长为连接传统金融与 Web3.0 世界的核心桥梁，全面重塑跨境支付与全球金融基础设施。

4.3　作为加密货币交易的结算媒介

加密货币市场以高频交易、剧烈价格波动、跨平台操作和全球化参与为特征，对结算媒介的要求远超传统金融系统。理想的结算资产须具备币值稳定、高速低成本结算、跨境无障碍、监管合规性和技术灵活性等特点，稳定币凭借区块链技术完美契合这些需求。

稳定币通过区块链实现点对点、近实时的结算，实现了高效结算与高吞吐量，远超比特币的 10 分钟确认时间及其 7 笔 / 秒的吞吐量。USDT（TRC-20）在 TRON 链上支持 2000 笔 / 秒的吞吐量，接近传统支付系统（如 Visa 的 1.7 万笔 / 秒）。稳定币由特定机构发行（如 Paxos 的 USDP、Circle 的 USDC），属于发行方的负债，易于纳入监管框架。例如，USDC 受纽约州金融服务部监管，每月发布由普华永道审计的储备报告，证明其储备资产 100% 由美元和美债支持。USDP 的链上储备证明提供实时储备验证，智能合约经 OpenZeppelin 审计。监管机构可要求发行方提供交易数据，以便追踪洗钱、恐怖融资或偷税漏税行为，相较于比特币的匿名性更具可控性。目前主流的稳定币大多支持多条区块链（如以太坊、Solana、TRON、Arbitrum、Polygon），提供了灵活的交易选择。例如，USDT 运行于数十条链，用户可根据费用和速度选择网络；USDO 在 Solana 上以 0.0001 美元费用支持微支付；AUSD 通过 Gas 优化的以太坊合约降低了 30% 的成本。

稳定币在加密货币交易中扮演"美元、银行、清算所"的多重角色，广泛应用于中心化交易所、去中心化交易所、机构投资、零售交易、代币化证券和链上金融创新。在币安、Coinbase、OKX、Bybit、Kraken 等主流中心化交易所上，USDT 是最主要的交易对单位，2025 年 6 月其在币安上的交易量占比超 80%，日交易额达 500 亿美元。交易对结构从传统的 BTC/USD 全面迁移至 BTC/USDT、ETH/USDT，用户以 USDT 充值、结算和计价，无需频繁兑换法币。交易所通过稳定币规避法币合规限制，降低了 20% 的运营成本，提升了链上结算效率。在 Uniswap、Curve、PancakeSwap、SushiSwap 等去中心化交易所上，稳定币是流动性池的核心资产。USDC/USDT 交易对在 UniswapV3 的日交易量超 10 亿美元，滑点低于 0.1%，为用户提供了高效的交易体验。

稳定币的合规性与安全性已逐步获得主流机构的接受与验证。大型资管公司试点使用稳定币作为交易结算工具。如贝莱德和富达（Fidelity）正通过 USDC 参与现实世界资产市场，进行债券 ETF 的清算对冲。对稳定币的监管也逐步规范化。例如，前文已多次提到，USDC 受纽约州金融服务部监管，每月透明披露储备结构；USDP 也实现了链上实时储备可审计。此外，2025 年，香港证监会批准的首只零售代币化基金采用 USDC 和 USDT 作为主要结算媒介，显现出稳定币跨越主权信任边界的潜力。更重要的是，稳定币通过将可监管性嵌入资产发行的逻辑，为政府和金融监管机构提供了高效接入和监控的通道，远优于比特币的匿名结构。因此，稳定币有望在未来成为政策支持下的主流合规金融工具。

稳定币作为结算媒介的成功还得益于网络效应与平台扩展。稳定币生态正快速形成自增强飞轮效应，用户增长带动了使用需求，使用增长吸引了更多商户与开发者的接入，接入扩大又进一步提升网络效应，提高市场占有率，增加用户黏性。根据 visaonchainanalytics.com 的数据，截至 2025 年 5 月，USDT 的全球用户超过 2 亿，日活跃地址 5000 万个，USDC 的用户则接近 1 亿。商户接受度持续提高，2025 年 USDC 的商户支持点已突破 5 万个。此外，生态基础设施也在持续进化。跨链桥（如 Wormhole、LayerZero）支持稳定币在多链间无缝切换；自动做市商机制提升了流动性利用效率；DeFi 工具集与钱包应用（如 MetaMask

Swap）大幅简化了用户操作界面。未来，随着 DePIN（去中心化物理基础设施）、支付网关和现实世界资产平台的整合，稳定币还将进一步扩展到零售支付、电商、抵押贷款与供应链金融等更广泛的实体应用场景。

总的来说，稳定币凭借其价值稳定性、高效结算能力、跨境无障碍特性和监管适配性，已成为加密货币交易生态中不可或缺的结算媒介。未来，稳定币不仅是加密经济的金融基石，还将重塑全球交易生态，成为数字金融的核心支柱。

4.4 DeFi 金融体系的核心构件与制度支柱

当前全球金融系统正处于技术跃迁与制度重构的交汇点。区块链、智能合约、预言机等技术构建出一个全新的链上金融体系（on-chain finance），DeFi 作为其中最具代表性的模块，提供了一套无需许可、公开透明、用户主导的金融服务体系。其潜力在于通过软件自动化替代人力中介、实现金融"协议即服务"，降低成本，提高效率，扩大金融包容性。然而，DeFi 的可扩展性和对现实经济的可对接能力长期受限于缺乏稳定计价单位这一根本性约束。原生加密资产（如以太币、比特币）的价格波动剧烈，难以承担支付、借贷、衍生品等基础金融职能。稳定币的出现，不仅填补了这一空白，而且逐渐成为链上金融活动的"清算资产""价值锚"与"金融基准单位"。在此意义上，稳定币不只是某类资产，而是一种制度性结构，它将现实货币逻辑嫁接到链上系统中，推动 DeFi 由"投机网络"向"制度金融网络"转变。

稳定币在 DeFi 中的首要作用是作为流动性核心。DeFi 的基本操作如资产交易和兑换，依赖自动做市商等机制形成交易对。若缺乏稳定币，交易撮合只能建立在双波动资产之间，滑点大、成本高，严重影响用户体验与资本效率。USDC、DAI、USDT 等稳定币被引入后，成为交易对的"锚定端"，不仅增强了用户信心，也促成了低滑点、深流动性池的形成，为链上去中心化交易所（如 Uniswap、Curve、Balancer）提供了运行基础。以 Curve 为例，USDC/USDT/DAI 的稳定币池"三池模式"（Curve 3pool）构建出 DeFi 中交易成本最低的场所，其总锁仓量超 30 亿美元，滑点低至 0.01%，成为机构套利与策略交易的首选流动性源。

此外，DeFi 相关业务中，抵押贷款占有最高比例，而稳定币在借贷协议中拥有双重角色：既是借款目标，也是抵押资产。在 Aave、Compound、MakerDAO 等平台上，稳定币被广泛用于抵押以获取杠杆，也可作为流动性资金进行再投资。稳定币的价格稳定性降低了抵押资产清算的触发频率，使得整个借贷系统更易于管理和自动化清算。值得注意的是，一些 DeFi 协议（如 Liquity、Reflexer）尝试构建无需预言机、无需清算人的极端去信任模型，这些新结构亦以稳定币为核心，使系统具备自我运行能力。

在衍生品、保险与结构性产品等业务上，稳定币作为清算单元而存在。链上衍生品协议（如 dYdX、Synthetix、GMX）广泛采用稳定币作为保证金与结算单位，一方面是由于其波动性低，杠杆风险可控，另一方面是因为稳定币具备良好的合约集成性。保险协议（如 Nexus Mutual、InsurAce）也基于稳定币定价，使赔付机制具备稳定性与预期性。结构化产品平台（如 Ribbon Finance）更是将稳定币作为基础资金池，通过执行复杂策略（如备兑看涨期权策略、做空看跌期权策略）以获取增强收益。

尽管稳定币为 DeFi 注入了可扩展性与风险缓释能力，但其本身也面临严峻的治理与合规问题。未来，稳定币需要在链上治理的去中心化与链下合规的制度化之间找到平衡点。模块化合规接口、预言机风险评分机制与多链审计合约系统可能成为新一代稳定币的基础架构方向。

稳定币在 DeFi 体系中的角色远非"辅助货币"，而是构成整个链上金融活动的信用根基与操作系统内核。它既是流动性的源泉，也是风险控制的锚点，更是连接现实世界与链上系统的桥梁。未来，随着现实世界资产的扩张、全球合规框架的完善与 DeFi 生态的制度化演进，稳定币将在全球范围内发挥"链上美元替代物"的系统性作用，成为推动全球金融数字化转型的重要基石。

4.5　现实世界资产（RWA）代币化

现实世界资产代币化，指的是将现实中的资产（包括其所有权、债权、股权、收益权等法律权利）通过区块链技术映射为链上可交易的数字代币。这一技术不仅代表了 Web3.0 对传统金融资产的吸纳能力，也标志着加密金融正在走出纯虚拟资产圈层，融入全球金融体系的主干网络。

现实世界资产代币化具有四大优势，这些优势正在驱动交易的制度性变革。第一是实时清算与全天候交易，这一设定缩短了资金链条，提升了流动效率。传统金融交易普遍存在 T+1 甚至 T+2 的清算周期，资金滞留时间长、系统响应滞后。而现实世界资产代币在链上运行，可以实现秒级清算（T+0）与 7×24 小时不间断交易。例如，通过 Solana 公链交易的代币化国债，USDC 买卖可在 2 秒内完成，极大优化了现金流管理与投资响应速度。

第二是去中介、无纸化实现金融脱嵌，实现了降本增效。传统债券交易需支付清算机构、托管银行、交易平台等多个环节的费用，整体交易成本常在 1%—3%。借助区块链智能合约的自动执行机制，现实世界资产代币化可将交易成本降至 0.0001%—0.5%，节约幅度为 95% 以上。随着生态日益成熟，预计未来的合规性与技术壁垒还将进一步压缩交易摩擦。

第三是通过小额分割投资，打开了普惠金融的新边界。传统商业地产、私募债、艺术品等资产往往对投资者设有高门槛（如10 万美元起投），导致普通投资者被排除在外。现实世界资产代币化可将资产拆分成每份 100 美元甚至更小的单位，提升零售参与度，有望成为全球范围内的"另类资产 ETF"。

第四是应用编程金融，实现了合规、合约与价格数据"三位一体"，充分体现了透明性。通过智能合约，现实世界资产代币交易内嵌监管逻辑（如 KYC、AML），实现自动合规。预言机（如 Chainlink）提供外部市场价格与链上资产的实时联动，提升估值效率和透明度，为监管与市场提供可靠的数据基准。

目前，现实世界资产代币化正从先锋实验走向制度构建。据 Messari 与 The Block Research 联合发布的数据，2024 年全球现实世界资产代币化资产规模（不含稳定币）已突破 230 亿美元，同比增速高达 260%，其中美国国债、私募信贷、非上市股权、商业地产为上链最活跃的资产。在潜在可代币化的资产中，仅美债和全球房地产的市值就分别达到了 240 万亿美元和 280 万亿美元，一小部分代币化都代表了巨大的市场空间。

2024 年，贝莱德推出 BUIDL 基金，开创了 Web3.0 背景下的货币市场基金范式。代币化基金是一种通过区块链技术实现所有权数字化的投资工具，其基金份额由链上发行的数字代币表示，每枚代币（或其分割单位）对应基金的一份持仓，作为投资者持有权益的数字凭证。这类基金本质上仍以传统证券作为底层资产，但相比传统基金，代币化基金具备更高的透明度、更快的结算效率以及更低的运营成本，是区块链在资产管理领域落地的典型案例。用户通过投入 USDC 等稳定币换取 BUIDL 代币，实现全天候 T+0 申购赎回，并获得由短期美债带来的稳健收益。基金代币本身由 ERC-20 协议发行，采用白名单机制确保只在合规账户间流通。BUIDL 一经推出便广受欢迎，规模快速膨胀，根据贝莱德官方数据，截至 2025 年 5 月，其管理规模突破 27 亿美元。

Ondo Finance 是链上美国国债的标准制定者。2024 年其总锁仓量达 14 亿美元，主打产品 OUSG 代表短期美债，年化收益 4%—5%，最小份额为 100 美元。Ondo 与 Solana、XRP Ledger 深度集成，2025 年上线"Ondo Global Markets"，联合 Bitget Wallet

等钱包，允许非美投资者直接通过钱包投资美股 ETF。2025 年
6 月，Ondo 又发起成立"全球市场联盟"，联合 Solana 基金会、
1inch、Jupiter Exchange 等，推动股票、基金等传统金融资产的全
球上链标准。

Synthetix 则是合成资产的 DeFi 金融工具包。它利用 USDC/
USDT 等抵押生成 sAAPL、sXAU 等与现实资产挂钩的合成品
种。根据 Messari 的数据，2024 年其链上总交易量为 5 亿美元，
预计 2025 年总交易量将突破 10 亿美元。此外，它结合 Chainlink
预言机以确保价格同步，满足监管披露与用户保护要求。

Plume Network 是现实世界资产代币化的基础设施新星，专
注房地产、企业债、股权等非标资产上链，平台费用低至 0.1 美
元 / 笔。目前，它已经吸引了超过 100 家企业接入上链，构建了
现实世界资产金融服务生态的"中间层"。通过与 Circle 合作，
它在 Solana 链上整合 USDC 支付网关，显著提升了跨境效率与
资金可用性。

在北美之外的其他地区，华夏基金（香港）在 2025 年 2 月
推出基于 Polygon 链的港元货币基金，获香港证监会批准，成为
零售可投的现实世界资产基金样板，这也是亚太地区首只代币化
货币基金。通过使用 USDC 与 USDT 作为投资与清算媒介，华夏
基金（香港）的这只港元货币基金支持 1 秒完成交易，服务的投
资者超过 10 万。

现实世界资产代币化尽管在效率与开放性方面具有革命性优
势，但当前依旧面临三大关键挑战。第一是监管模糊与制度套利
风险。欧盟的《MiCA 法案》已率先在 2024 年提出代币披露、资

本准备金等要求，但美国证券交易委员会对证券型代币仍无明确定义，市场参与者存在较强合规不确定性。第二是链下权属验证与法律效力空白，尤其在房地产、艺术品等非标资产领域，链上权利映射需与链下法律系统对接，仍需司法解释与跨国互认。第三是另类资产流动性差与市场深度不足。当前现实世界资产交易总规模仍只占加密市场的 1% 左右，其中艺术品、碳信用等市场的活跃度低，需引入更多做市商与二级市场机制。

美国、欧洲、中国香港等地政府正出台政策推动现实世界资产代币化的合规与制度化。展望未来，稳定币不仅可充当现实世界资产支付与清算的中介，更可能成为机构级现实世界资产应用的推手。现实世界资产代币化亦有望延伸至供应链金融、知识产权、医疗资产等新领域，构建下一代全球资产市场的基础设施，而稳定币资产或将在现实世界资产底层清算中扮演关键角色。

4.6 稳定币重塑新兴市场金融生态

在全球金融体系仍由美元主导，但美元获取门槛高企的背景下，稳定币作为一种数字化、低门槛、抗审查的美元替代工具，在新兴市场中迅速崛起，成为货币不稳定国家和地区居民对冲汇率风险、进行跨境交易与资产保值的重要手段。从这一角度来说，稳定币超越了加密资产功能，发挥了"数字美元"的作用，弥补了传统金融服务在发展中经济体中的可达性与包容性的不足。

新兴市场普遍面临的宏观难题包括本币长期贬值、高通胀、外汇紧缺与金融基础设施薄弱。在此背景下，稳定币（如USDT、USDC）成为一些人绕开资本管制、实现财富保值的首选工具。例如在阿根廷，由于年通胀率长期维持在三位数，银行存款早已失去信任，当地居民通过 P2P 渠道购买 USDT 进行储蓄已成为日常操作。又如，在经历 2023 年里拉大幅贬值后，土耳其的稳定币使用量迅速增长，被广泛用于日常支付与资产配置。再如，尼日利亚等非洲国家的居民通过 Binance P2P、Yellow Card 等应用将本币兑换为 USDT，用作储蓄替代物和交易媒介。这些国家的共同特点在于：一方面，官方金融渠道无法满足居民对美元的真实需求，银行无法提供有效的避险工具；另一方面，本币与美元之间存在巨大的"黑市"套利空间，传统美元现钞获取困难，而稳定币交易便捷、匿名、可跨境，成为更具现实性的替代选择。许多国家和地区甚至已形成了"稳定币黑市"，人们通过 Telegram、WhatsApp 完成换汇，绕过监管，构建起一个以稳定币为计价单位的"灰色美元金融体系"。

新兴市场对稳定币的强劲需求，也体现在跨境支付与海外汇款领域。传统跨境支付依赖 SWIFT 系统，存在手续繁杂、到账时间长、费用高昂等问题。比如，在尼日利亚、埃塞俄比亚、肯尼亚等国，跨境汇款通常面临 3—5 天的延迟以及 5%—10% 的交易费用，严重制约了这些地方的国际贸易与移民收入回流。而稳定币提供了一种无需银行中介、结算几乎即时、费用极低的替代方案。尼日利亚的一些食品生产商、自由职业者和小商贩已普遍采用稳定币进行国际付款，尤其是在美元流动性严重短缺的背景下，USDT 成为实际通用的支付货币。此外，在全球政治环境日益复杂的情况下，稳定币正成为在地缘政治方面比较敏感和脆弱的国家维系国际贸易的重要工具。俄罗斯因被欧美踢出 SWIFT系统，近年来不断探索稳定币在能源结算与跨境贸易中的使用方式。2024 年俄罗斯国家杜马通过法案，允许企业在跨境交易中使用稳定币。伊朗与委内瑞拉等受美西方制裁的国家也在寻求通过稳定币解决国际清算受阻的问题。

稳定币在新兴市场的另一个重大作用是"替代银行"。根据世界银行的数据，2021 年撒哈拉以南非洲地区约有一半成年人口没有银行账户。原因包括：开户门槛高、金融服务覆盖不足、通货膨胀侵蚀存款价值、居民对银行体系普遍缺乏信任。在此背景下，稳定币钱包（如 Trust Wallet、Binance Wallet）成为当地居民的"数字账户"，不仅提供美元价值存储，而且支持支付、转账、汇款、收益存储等功能，构建起一套"去银行化"的金融系统。许多非洲地区用户通过 Telegram 群组获取实时 USDT 汇率，通过 P2P 平台完成兑换，并直接在稳定币钱包中持有、转账或参与 DeFi 理财。这种金融参与方式绕过了本地的货币监管系统和低效的银行系统，为用户提供了相对高效、透明、安全的金融体验。以 USDT 为代表的稳定币，正逐渐成为非洲地区居民对冲通胀、储存财富与参与国际经济活动的重要工具。

由此可见，稳定币在新兴市场的普及路径呈现出自下而上的"草根驱动"特征。以尼日利亚为例，根据 Chainalysis 于 2024 年发布的《全球加密货币采用指数》的数据，其加密货币采用率在全球排名第二，且稳定币交易占该国加密货币交易总量的 61.8%，交易以小额、频繁为特征，85% 的交易金额低于 100 万美元，这反映出其以散户用户为主体的应用模式。这种"用户先行"的现实需求，反过来也推动了这些市场中本地金融科技企业（如 Yellow Card）与国际稳定币平台（如 Tether、Circle）的合作，为新兴市场定制更加适合当地的稳定币服务体系。与此同时，稳定币也在逐渐渗透到 B2B 贸易、企业跨境采购与中小企业融资等更高层次的经济活动中，发挥更系统性的金融基础设施作用。例如，在非洲大量中小企业难以从银行获得美元用于进出口结算时，稳定币提供了无需信用评级、无需预留外汇的即时交易手段，从而大幅降低了融资与支付的门槛。

因此，稳定币在新兴市场已不再是加密技术的边缘应用，反而成为金融脱媒、货币替代与跨境支付革新的核心驱动力。它不仅改善了居民的储蓄与支付条件，更推动了全球金融体系中南方国家的去美元现金化与金融自主化的趋势。未来，随着链上基础设施不断完善与本地监管逐步开放，稳定币将在新兴市场中扮演更为关键的角色，助力构建一个更加普惠、开放与抗压的全球金融网络。

第 5 章　作为挑战者：稳定币对传统金融和货币政策的影响

5.1　稳定币冲击传统金融

稳定币作为区块链与数字金融融合的产物，正逐步从"加密资产中的辅助角色"跃升为全球金融架构重塑的核心变量。其基于公链技术的去中心化、点对点、低成本、实时结算能力，直接挑战了传统银行在支付、汇款、清算、托管、信贷等多个核心环节的职能地位，加速了金融中介结构的重构。

长期以来，传统银行系统依赖封闭的账户体系、清算网络和监管资源垄断，在全球金融体系中扮演着支付中介、清算机构和资金托管者的多重角色。银行通过客户存款、账户管理和金融服务获取稳定的资金来源和利润。用户通过银行账户发起支付指令，清算依赖中央银行或大型清算机构，周期常为 1—3 天，且伴随着高昂的手续费。银行通过收取中介费用（1%—5%）并通过存款利差盈利（存款利率 0.5%—1%，贷款利率 5%—10%）。而稳定币通过区块链网络与智能合约技术，构建了无需许可且可

144

以 7×24 小时实时清算的价值转移通道，消除了对传统银行账户与清算机制的依赖。例如，USDT（基于 TRON 或 Solana）支持每秒上千笔交易，单笔交易费用低至 0.0001 美元，并可在全球范围内进行任意转账而不受国界、币种和银行监管的限制。

这种模式的革命性在于，用户只需持有加密钱包即可完成支付、结算与托管功能，这大大降低了金融参与门槛。在这种"自托管"模式下，银行不再是必需的账户管理者，甚至对用户的交易流程毫不知情。个人与企业在全球范围内进行贸易、转账、结算，而无需触及银行体系，使得银行在传统支付、汇款市场的业务量被大规模挤出，对汇款服务、跨境支付与金融服务费依赖度高的银行受冲击尤其显著。

此外，银行的低成本资金优势，主要来源于零售客户的大量活期与定期存款。然而，稳定币的兴起正在动摇这一基础。在 DeFi 生态中，用户通过将 USDC、DAI、USDT 存入借贷平台（如 Aave、Compound）或流动性池中，可获得的年化收益率远高于传统银行存款利率。稳定币支持随存随取、实时到账，不像银行一样受节假日限制，并通过链上数据提供实时监控与资产证明，增强信任度。

这催生了"存款搬家效应"，在年轻人、自由职业者、互联网从业者与跨境商贸人群中尤为显著。用户逐渐将银行账户中的闲置资金迁移至稳定币生态，从而降低了银行的资金留存能力，动摇了其传统的"吸收存款—发放贷款"的盈利模式。在高通胀国家，如阿根廷、土耳其、尼日利亚等，这一现象更加明显。2024 年，阿根廷的年通胀率超过 120%，其居民大量通过 P2P 平台将本币兑换为 USDT 储值，以规避本币贬值。根据《全球加密货币采用指数》的数据，2024 年尼日利亚的活期存款下降 10%，定期存款下降 5%，而其稳定币钱包注册量年增超过 200%。

当稳定币逐渐替代银行吸纳零售存款的功能后，银行将被迫依赖更高成本的资金来源，如批发融资、银行间拆借、金融市场债券融资或者高息吸引短期大额存款。这会显著提高银行的综合融资成本，进而压缩其贷款利差空间。另一方面，由于稳定币被广泛应用于电商结算、薪资发放、面向自由职业者的报酬支付等场景，原本属于银行活期结算账户的"低成本资金"也被大幅分流。例如，《全球加密货币采用指数》发现，2024 年 USDT 在 Telegram、币安、P2P 等平台上被广泛用于中东地区的非薪酬支付、跨境商贸，这使得 WesternUnion 及银行渠道的交易量下降超过 30%。欧洲央行也在一份关于稳定币与金融稳定的报告中指出：在土耳其、希腊等银行体系本就较为脆弱的国家，稳定币广泛替代银行存款，2024 年部分银行面临 15% 以上的存款外流，加剧其信贷能力下降与流动性错配。

稳定币并非仅仅是"支付工具"，其背后依托的 DeFi 平台（如 MakerDAO、Maple、TrueFi）已逐步演化出一套完整的金融服务体系，包括抵押借贷（用户以加密资产或稳定币作为抵押，借出或借入资金）、利率市场（资金出借方与借款方通过智能合约自由匹配）和风险定价（平台基于链上行为与资产波动进行自动风控）。这些服务构建了一套无需银行、无需信用审查、去中介化的"链上信贷市场"。与传统银行相比，它们具备审批快速、无地理限制、利率可调、运营成本低等优势，使用者也正在从边缘用户拓展至中小企业与跨境贸易参与者。这一趋势一旦与稳定币广泛的流通性和信任机制结合，则意味着"虚拟银行2.0"——一个去物理网点、去许可、完全链上运行的新型金融体系的崛起。传统银行不仅在支付领域被削弱，在信贷领域也正在被"算法信贷"和链上资本池所取代。

稳定币不仅是支付工具的创新，更是一场针对传统银行商业模式、监管体系与金融基础架构的系统性挑战。它正逐步重塑人们对银行的理解与依赖，从存款、转账到贷款、理财，银行原有的中介功能正被链上智能合约和稳定币生态所替代。未来银行若不主动转型，可能会被边缘化为"合规入口"或"基础设施提供者"，其盈利模式、客户结构与风险管理逻辑都将面临重塑。

5.2 传统金融机构的应对与合作路径：从抵抗到融合

随着稳定币在全球范围的广泛使用，尤其在跨境结算、数字支付、财富储存等场景中的快速渗透，其影响力已无法忽视。传统金融体系，曾一度对稳定币持有警惕甚至敌对态度，如今却正在经历从抵抗到融合的深层结构性转变。稳定币不仅不是传统金融的"终结者"，反而成为传统金融重塑价值链、重构信任机制的"触发器"。

在稳定币发展的最初阶段，多数金融机构将稳定币视作"未经授权的货币替代物"，担忧其绕过监管、扰乱货币体系、威胁银行地位。此时的稳定币被视为"非法影子银行"和"系统性风险源"，监管层对其亦多持高压政策，稳定币发展主要集中在加密货币圈内部。银行和监管机构（如美联储、欧洲央行）谴责USDT 和 USDC 缺乏监管、储备资产不透明，可能引发洗钱风险和金融不稳定。

随着区块链技术的成熟和 DeFi 的崛起，金融机构开始研究稳定币的潜力。摩根大通在 2019 年推出 JPM Coin，测试内部结算；Visa 和万事达探索链上支付试点。传统金融机构开始转入"观察窗口期"，一方面试点区块链支付系统与数字资产托管业务，另一方面密切跟踪稳定币的监管进展和用户行为。

自 2021 年起，稳定币的流通规模迅速扩大，应用场景突破"链上支付"，向 B2B 交易、零售金融、财富管理延伸，催生了"金融融合期"。越来越多的银行、支付机构、金融科技公司与稳定币项目达成合作，提供 API 接口、清算支持、托管服务，甚至联合推出新型稳定币产品。

预计未来若进入"整合主导期"，传统金融机构或将通过控股、合规标准制定、自主发行等方式，主动主导稳定币生态发展，达成"融合即控制"的新格局。例如，传统金融机构可能推出自主稳定币、参与规则制定并主导生态。摩根大通计划扩展JPM Coin 至公链。银行有可能通过并购稳定币项目（如 Circle）或开发自有链（如 Onyx）重获清算和托管主导权。

支付巨头：嵌入支付系统，重塑清算与交易网络

稳定币能迅速嵌入全球支付体系的关键在于，其高效、低成

本、可编程、全球可达的技术特性直接击穿了传统支付网络的"清算时延""跨境壁垒""汇兑费用"三大结构性痛点。Visa、万事达、Stripe 等全球支付巨头纷纷与稳定币项目合作，这不仅是传统金融巨头对技术变革的被动适应，更是其试图在"去中介化"的浪潮中保留自身系统性地位的战略转向。

Visa×Circle（USDC）：打造"链上美元清算中枢"

Visa 作为全球最大的卡组织之一，一直以法币清算为核心。然而，面对企业对全球实时结算日益强烈的需求，其与 Circle 合作，将 USDC 纳入 Visa B2B Connect 网络，重构了美元主导的链上结算生态。2024 年，Visa 基于 USDC 的链上支付处理总额已达 500 亿美元，覆盖 200 万家全球商户。其 B2B 结算时间从传统银行路径的 3—5 天缩短至 1 秒内，跨境汇兑成本从 3% 降至 0.1% 以下。Visa 甚至明确规划，至 2026 年将 USDC 结算拓展至 100 个国家，预计交易规模将突破 1000 亿美元，并在此基础上构建以 USDC 为核心的"多币种、跨链清算层"。USDC 不再仅是美元的数字替代，而是 Visa 网络中真正的"第二清算货币单位"，为链上支付打开传统支付网络的大门。

万事达 ×Paxos：为银行提供"跳过 SWIFT"的新通道

万事达在链上金融基础设施方面采取了不同于 Visa 的"白标赋能"战略——通过与 Paxos 合作，为中小型银行与新兴市场金融机构提供稳定币"结算即服务"（settlement-as-a-service）。根据万事达 2025 年的官方公告，其已实现对 Paxos 发币（如 USDG/USDP）和 USDC 的端到端链上结算支持，覆盖全球 1.5 亿商户，并通过"Crypto Credential"系统实现了真实身份与链上支付路径的实时验证。原先被银行服务排除在外的"金融边缘人群"获得了交易与结算支持，推动了全球金融普惠化进程。这一思路不仅提供了一条脱离 SWIFT 系统的替代路径，更让传统银行体系无法覆盖的高成本区域用户第一次通过稳定币享受到高效、低门槛的全球支付服务。

Stripe×USDC：打造链上"自由职业者工资网络"

作为互联网经济的"结算枢纽"，Stripe 聚焦新兴劳动力形态，特别是全球化自由职业者和远程平台劳动者。其于 2022 年接入 USDC 作为默认结算货币之一，并已在全球范围取得显著成效。《福布斯》的报道指出，截至 2024 年底，Stripe 已允许自由职业者在 69 个国家 / 地区通过 Stripe Connec 接收 USDC 稳定币支付。USDC 提现时间从原有银行通道的 5 天压缩至 1 分钟，结算费用降至 0.1%。在印度、菲律宾、尼日利亚等银行系统低效的国家，USDC 直接成为"跨境收入通道"，摆脱了银行中介和外汇障碍。Stripe 计划于 2026 年整合 DAI 与其他去中心化稳定币，打造多币种结算引擎，预计届时其链上交易量将突破 100 亿美元，成为平台型经济的新"工资系统"。自由职业市场已然成为稳定币结算的天然增长点，也为 Stripe 构建了全球"链上收入网络"的雏形。

以上合作案例体现出一个趋势性特征：稳定币正在侵入全球支付系统的核心环节——清算与对账网络。传统银行在支付系统中的角色正被分解，用户界面（发起支付）由金融科技平台接管，清算货币（如 USDC、DAI）由稳定币项目掌控，对账逻辑与通道网络逐步下沉至链上智能合约，银行自身则被迫向基础设施或清算节点"降维"。

Visa 和万事达选择主动连接，而不是阻断，体现出在新支付格局中，主动拥抱区块链与稳定币已成为全球支付巨头维护系统性地位的唯一出路。银行也将被迫重新定义自身——从"资金控制中介"转型为"支付协议集成商"或"链上账户管理者"。

稳定币不是在推翻 Visa、万事达、Stripe，而是在重构它们的价值链逻辑。在未来支付版图中，清算单位不再只有美元法币，也可能是 USDC、DAI 等链上通证；清算路径亦不再局限于 SWIFT 或 ACH，而可能基于以太坊主网、Layer 2 或跨链协议；价值确认与转移不再依赖银行账簿，而依赖"智能合约＋链上状态"。这一切，不是"摧毁性替代"，而是"嵌入式改写"——稳定币成为全球支付系统的"基础逻辑补丁"。换句话说，在未来支付版图中，谁掌握稳定币的对接能力，谁就掌握了未来全球支付网络的竞争主动权。

传统银行：切入基础设施提供端，重构"链上信任锚"

在稳定币与链上金融迅速崛起的背景下，传统银行不再满足于守旧地位，也无法回避被链上基础设施边缘化的命运。面对 DeFi、稳定币、现实世界资产等领域的爆发式增长，一些全球性银行选择主动转型，切入链上托管、发行、结算等核心节点，意图构建一个"可信、合规、受监管"的链上金融操作系统。

摩根大通：打造"许可链＋稳定币"企业清算平台

摩根大通推出的 JPM Coin 是目前全球最成熟的银行内部稳

定币之一，专为机构客户之间的美元结算服务。其运行于摩根大通的自有许可链平台 Onyx，该链已发展为传统银行对链上结算进行试验与部署的重要沙盒系统。2024 年，JPM Coin 的总交易量已突破 4000 亿美元，覆盖全球 1000 家机构客户，成为当前稳定币应用最深入的银行案例。Onyx 同时支持 USDC 跨链结算功能，使 JPM Coin 能够与公链资产协同使用，提升了流动性与结算效率。JPM Coin 的链上结算费用仅为 0.01%，远低于传统 SWIFT 每笔 10—50 美元的国际汇款费率，实现了跨境 B2B 支付成本的革命性压缩。摩根大通通过打造"内部稳定币＋许可链网络＋合规客户池"的三位一体架构，既保留了对客户身份和资金流的掌控，又充分利用了区块链技术来提升效率，是传统银行融合链上生态的先行者。

德意志银行 × 纽约梅隆银行：重建机构级链上托管体系

在金融资产加速上链的大趋势下，链上资产的合规托管成为一个"信任缺口"与技术瓶颈。德意志银行与纽约银行梅隆公司联合推出的 Tokenized Assets Custody 平台正是在此背景下诞生的，它致力于为机构客户提供全流程的稳定币与现实世界资产托管服务。2024 年，其已托管资产规模达 20 亿美元，主要包括 USDC、USDT、代币化债券与链上存款凭证；服务客户超过 500 家全球资产管理机构、对冲基金与企业财团，主要提供链上资产管理、结算与合规接口服务；通过区块链智能合约自动执行托管与清算流程，其总体托管成本下降 50%，大幅优于传统托管银行的费率体系；同时，支持包括美债、欧洲公司债券、资产支持证券等金融工具的链上映射，成为机构链上配置首选渠道。

高盛和法国兴业银行模式：搭建"稳定币＋证券型代币"双层清算体系

在金融产品代币化趋势中，"稳定币＋证券型代币"的双层结构成为主流解决方案。2019 年，法国兴业银行在以太坊公共主网上发行了价值 1 亿欧元的担保债券。2022 年 11 月，高盛推出了其数字交易平台（Digital Assets Platform，简称 GS DAP），并为欧洲投资银行发行了 1 亿欧元数字债券。高盛通过与欧洲主要监管机构沟通备案，其证券发行流程完全合规，可自动追踪债券生命周期、利息分发、合规条件。结合链上自动执行与 USDC 结算，文书流程压缩了 70%，结算周期从 T+2 缩短至 T+0。高盛从承销商转型为"链上发行方＋流动性引导者"，以稳定币为基础，为未来数十亿美元资产的数字化提供试验范式。这类双层结构不仅展示出稳定币的清算能力，还重塑了证券发行、交易与登记流程，极大提高了市场运行效率，预示未来债券、基金、资产支持证券等产品都可能以稳定币为核心进行链上再造。

上述三个案例表明，传统银行正从链下"清算者""托管者""融资人"角色，主动过渡到链上"可信结算层""机构入口""资产锚定者"的新定位。这是一种从抗拒到参与、从防御到塑造的深度进化路径。稳定币不是银行业终结者，而是提供了重构银行的机会；链上金融不一定去中心化，但一定要求信任重塑，而传统银行仍是最佳的信任背书方；银行的金融服务价值，将从掌控账户转向构建共识与服务可信清算。未来，谁能在链上重新赢得机构客户的信任与连接，谁就能在金融基础设施变革中保持生命力与主导权。稳定币的世界不会淘汰银行，但只属于那些愿意进化的银行。

科技公司：打造"货币—场景—身份"的闭环链路

随着稳定币逐步脱离纯金融属性，成为数字经济中可编程、可嵌入、可规模化流通的"支付原语"，全球科技平台正在通过整合流量入口、交易环节与资产托管，推动形成一个围绕自身生态闭环运转的稳定币系统。这不仅对传统银行的存款吸附能力、支付清算功能构成挤压，更可能在 Web3.0 时代重塑用户资产管理与消费金融格局。

PayPal：打造平台原生稳定币生态系统

前文中提到的由 PayPal 在 2023 年推出的 PYUSD，标志着全球主流支付平台首次发行自有品牌稳定币，其目标不仅是提升支付效率，更是构建闭环式数字货币体系。PYUSD 由受监管的 Paxos 负责托管，锚定 100% 美元储备，每枚可按 1:1 兑付。用户可自由在 PayPal 与 Venmo 账户中将余额转换为 PYUSD，用于支付、转账、储值。目前，PYUSD 已嵌入超过 20 个支付场景，包括电商支付、个人转账、自动订阅、服务打赏等，覆盖 1 亿全球用户。PayPal 意图将 PYUSD 塑造成其生态体系的"数字支付燃料"，以降低依赖外部清算网络，提升用户黏性与资金留存效率。PayPal 的稳定币路径，是典型的平台型闭环化——稳定币不仅仅是支付工具，更是控制用户资产与交易路径的金融枢纽，借此传统支付平台逐步向银行"活期存款 + 快捷支付"功能发起实质性挑战。

Telegram × TON：社交平台即钱包，构建链上支付新界面

社交平台 Telegram 正在通过集成稳定币钱包插件，将其庞大的用户基础转化为支付用户，以构建独立于银行账户体系之外的全链条社交支付生态。TON 区块链与 Telegram 无缝集成，支持 USDT 与 USDC 转账，提供一键式钱包开通，无需链上知识即可使用。2024 年，Telegram 已实现在社交支付、红包发放、内容打赏、电商支付、跨境转账等领域的稳定币结算，交易量达 10 亿美元，覆盖超 5 亿用户。用户无需跳转至其他钱包或去中心化应用，可直接在聊天窗口内完成支付指令，实现"对话即支付"；稳定币支持二维码、链接和小程序嵌入式交易，大幅降低门槛。TON 团队提出"金融即通信"的愿景，将 Telegram 打造成集社交、支付、身份验证和资产管理于一体的 Web3.0 超级 App。Telegram 模式颠覆了传统银行对"账户—支付—人"的绑定关系，其"钱包即社交身份"的策略，使稳定币成为渗透日常生活的新型货币介质，极大削弱了银行账户的边际价值。

电商平台：Shopify 与 Amazon 探索"链上收款"标准

电商平台也在积极打通"商户—用户—稳定币"的价值闭环，通过接入稳定币网关，实现资金快速清算与全球低成本结算。Shopify 与 NOWPayments 合作，为超过 100 万商户提供 USDC 和 USDT 支付解决方案，其 2024 年交易量已达 2 亿美元。Amazon 则在多个试点地区接入 USDC 支付通道，覆盖数字产品、小额消费等高频场景，2024 年其交易额达 1 亿美元，预计 2026 年将扩大至全球市场，届时年结算规模可达 50 亿美元。部分平台已支持 DAI、EUROC 等非美元稳定币，满足多国多币种结算

需求，降低了汇兑成本。稳定币在电商领域的加速渗透，不仅对传统收单银行构成挑战，也对 Visa、银联等清算机构施加压力。"低费率＋实时到账"的优势，使其逐步成为跨境新清算标准。

科技公司通过掌握用户、场景与数据的入口优势，正推动稳定币从资产锚定机制演化为用户体验层面的金融通证。未来，科技公司将成为稳定币的重要分销渠道与支付接口提供方，甚至可能通过"平台稳定币＋支付闭环"形成对传统银行的结构性挤压。稳定币不再仅仅是货币技术创新，更是一种嵌入式金融力量的重构尝试，其终极方向可能是塑造出一个以用户行为为基础、以智能合约为支点、以稳定币为媒介的数字商业新秩序。

以开放心态拥抱"协同演化"

稳定币的崛起，标志着全球金融体系正进入深刻而渐进的结构重塑期。这并不是一场零和革命，不是"稳定币取代银行"式的断裂性颠覆，而是一次由底层技术驱动的金融演化加速。它撼动的是传统金融的中介逻辑，激活的是全新的信任机制与资金流动范式。在这个过程中，技术、监管、市场力量正在发生深度互动与动态博弈。

首先，稳定币促使银行从资产创造者向链上信任服务商转型。过去，银行通过存款吸收和贷款发放控制信用创造，是金融的核心引擎。但稳定币让资金绕过银行账户系统在链上直接流转，迫使银行必须以"可信托管者""链上担保方""稳定币清算节点"的新身份参与未来金融。如果不能重构自身在链上金融生态中的功能定位，银行将被逐步边缘化，沦为链下流动性的"被动守门人"。

其次，稳定币倒逼支付机构打通链上与链下的清算通道。Visa、万事达、PayPal等支付巨头率先意识到，链上清算能力将成为未来支付竞争的"胜负手"。它们不再仅仅是银行网络的分发者，而是构建跨链流动性桥梁的金融基础设施商。稳定币结算的高频化与全球化，正在改变整个交易与清算的边界，也使支付机构必须从"卡组织"进化为"协议组织"。

再者，稳定币促使主权国家重构数字时代的货币治理边界。在传统金融体系中，货币主权等同于法币垄断和支付通道掌控。但在稳定币全球流通的背景下，传统的资本管制、货币政策与跨境审查机制正被边缘化。欧盟、新加坡、中国的内地和香港地区等已开始探索稳定币监管框架或推动央行数字货币发展，以期重建"合规、效率、主权"三者平衡的新秩序。

更重要的是，稳定币提供了金融基础设施即代码的新范式。无论是DeFi协议中的"闪电贷"、流动性"挖矿"，还是Web3.0商业中的自动结算、内容打赏，稳定币都正在以其可编程性和可组合性取代传统金融的烦琐流程，力图嵌入人类经济活动的每一个数字化细节。它不仅仅是一种支付工具，更是一种全新的交易语言，一种可以执行、协商和自治的货币形式。

因此，未来金融体系的韧性如何，不在于能否抵御稳定币，而在于能否主动吸收其创新逻辑，实现技术上的融合与制度上的嫁接。稳定币不是金融秩序的终结者，而是推动旧秩序蜕变的转化剂，是传统金融架构开启第二曲线的关键杠杆。

金融机构唯有在开放心态下，深度参与这场链上革命，重塑自己的服务结构、清算机制、信贷逻辑，才能在数字金融浪潮中保持生命力。正如历史上的印刷术、电报、计算机一样，稳定币不是一项颠覆技术，而是一项集成技术，它不替代银行，但会告诉银行该成为什么，进而改变银行。

稳定币浪潮下，主动拥抱协同演化的机构将成为下一个周期的金融领航者，而固守传统架构、不思变革的机构，则可能被淘汰于时代之外。

5.3 稳定币对货币政策传导机制的影响

传统货币政策的传导逻辑依托央行对货币供给的主导权和银行体系的中介作用，这里存在一个典型的政策传导链条：央行通过调整政策利率、准备金率或公开市场操作，影响货币市场流动性。政策利率变化传导至商业银行，影响其存款利率和贷款利率，进而改变融资成本。融资成本变化影响企业和居民的借贷意愿，进而驱动消费和投资。消费和投资变化影响总需求，接着驱动 GDP 增长和通胀率变化。

这一机制依赖两个前提：一是央行掌控货币供给，通过 M0（基础货币）和 M2（广义货币）调控经济；二是银行体系起到主导的中介作用，居民和企业依赖银行账户进行储蓄、支付和融资。然而，稳定币的兴起打破了这些前提，资金从银行体系流向链上资产，削弱了央行的调控能力。

"断裂"货币政策传导链

随着 USDT、USDC、DAI 等稳定币的普及，越来越多的用户与企业将资金从银行体系迁移至链上资产系统。这一转变对货币政策传导链条构成了实质性削弱。

稳定币的发行不依赖央行的高能货币或存款准备金，而是基于加密资产或美元储备的直接映射，绕过银行乘数系统，这意味着部分广义货币不再源自中央银行授权的银行信贷活动，而是由加密原生协议或美元托管机构主导。稳定币资产通常不计入 M2，也不受基准利率影响。在链上世界中，协议利率由供需博弈、市场情绪和资产流动性决定。例如，Curve、Aave 等平台根据市场资金池状况动态调整借贷利率，形成与央行利率截然不同的链上资金价格。

并且，稳定币通过钱包完成直接转账，减少了对银行账户和本币支付系统的依赖。即便央行提高利率，若企业和居民以 USDC/USDT 进行交易和储值，其行为边际将脱离货币政策的调控视野。支付路径去中心化导致本币政策空间缩小。

传统外汇管理依赖银行与支付网关的跨境通道控制，而稳定币交易绕开了这一控制逻辑，构建出以 Telegram、P2P 平台为载体的"链上美元走廊"。这对新兴市场的央行而言，几乎是资本项目开放的事实既成，资本账户管制会因此部分失效。

"架空"本币金融主权

随着稳定币在全球范围内的广泛应用，央行政策工具将面临系统性钝化。其背后是金融主权被"网络化""协议化""跨境化"的新金融体系架空。

第一，本币功能削弱，计价、支付、储值功能被稳定币取代。尤其在宏观经济不稳定的国家和地区，稳定币早已从技术边缘走向货币实用主义核心。例如，在委内瑞拉与黎巴嫩，商户在账本中用 USDT 标价，工资合同以稳定币签署，税后工资亦用 USDT 支付。在尼日利亚、加纳、乌干达等国，大宗商品进口商与自由职业者广泛采用稳定币进行国际结算，以绕过银行冗长、成本高昂的 SWIFT 路径。其结果是，本币的三大基本货币职能全面遭到侵蚀，本币信用在居民心中失去锚定作用，货币政策成为只对银行客户生效的"孤岛"工具。

第二，宏观调控失效。央行无法有效调节链上资金利率，无法影响 USDT 或 DAI 的流动性变化，导致通胀管理、周期调节、就业刺激等目标受制于货币工具的无效性。例如，当某国央行试图通过升息来压制通胀时，若居民将资金转换为稳定币并存入链上流动性池，以获得更高利率的回报，则其消费与投资行为将不再响应本币利率变化，导致货币政策在实体经济层面钝化，最终形成政策工具失效、货币主权虚化的局面。

第三，财政货币政策难以协同，面临税收之下的资产出逃与信用空心化。现代国家财政依赖两类基本支撑：一是对本国法币的垄断铸币权；二是对国内居民资产的可征税性。财政与货币之间维持协调共生关系：央行通过购买政府债券等方式为赤字融资提供支持，而居民资产的可见性与可控性为税收制度提供基础。然而，稳定币的兴起正在重塑这一平衡——当居民或企业将税后资金转换为稳定币，并将其托管于链上钱包或转移至"灰色美元通道"（如 Telegram/WhatsApp 上的 P2P 市场）后，这部分资产即刻脱离本国税务与金融监管体系的视野。这种链上储值行为不产生银行存款、不纳入 M2 统计、不可作为基础货币支撑政府债务发行，直接压缩了财政部门的融资能力。更严重的是，当政府试图通过货币宽松或发债扩张财政支出以刺激经济时，链上资金体系的脱离将使其无法吸引足够的本币需求，从而导致债券发行失败或利率高企，最终引发主权信用的结构性脆弱。

第四，资本流动监管面临失控风险，导致货币管制的"技术失效"与周期冲击的"外部化"。稳定币天然具备"类离岸"属性：一方面，其单位货币以美元、欧元等主权货币计价，但不受传统金融机构托管限制；另一方面，其交易通过点对点链上钱包完成，无需经过 SWIFT、银行账户或外汇登记，极难被监测与审计。在实行资本项目管制的国家，这种特性使得传统外汇监管手段失效。以阿根廷、尼日利亚等国家为例，虽然监管规定对个人或企业的美元兑换有额度限制，但在链上，居民可通过场外交易平台或 P2P 市场直接以本币购买 USDT，并在国际交易中使用，这样就形成了一个实际存在但统计上"隐形"的美元替代系统。这将带来两个严重后果：一方面是资本流动的不可控性。央行无法通过利率或监管手段引导资金流向，跨境资金流动更依赖稳定币套利逻辑，容易在全球市场波动时发生资金"急进急退"，加剧本币市场波动性。另一方面是金融周期受外界影响变大，且对国内的影响变大。稳定币背后的美元利率政策和美联储资产负债表变化，将间接主导本地金融条件。美元加息期间，链上美元流动性紧缩可能引发本地资产价格暴跌，而本国央行即使采取宽松政策亦无法对冲，造成经济周期"政策对冲失灵"与"外部冲击内生化"双重压力。

货币政策失灵、宏观治理成本上升和监管碎片化，导致资金、资产、行为运行在全球多链网络之上，难以统一管控。特别是在高通胀国家或美元化程度高的经济体中，这种"隐性去主权化"极具破坏性。

央行的三种应对策略

稳定币所带来的挑战，已不仅是技术革新层面的问题，而且是直接冲击传统货币主权、金融监管与政策传导机制的系统性风险源。面对稳定币构建的"链上美元体系"和 DeFi 生态对国家金融治理能力的侵蚀，各国央行（以及一些关键金融监管机构）正在探索多维路径以应对这一变局。应对策略主要聚焦于三大维度：制度整合、技术替代与跨境协调。

在制度整合方面，主要是通过建立稳定币的法定监管制度，将其从灰色金融地带纳入可监管、可审计、可接管的法治框架，以防范货币替代与政策失效风险进一步蔓延。以中国香港和英国为代表，当地的监管部门均正在推动设立稳定币牌照制度。例如，中国香港金融管理局在 2024 年发布《稳定币条例草案》，提出所有与法币挂钩、用于支付目的的稳定币必须申请牌照，并符合信息披露、资产储备、流动性与风险隔离等一系列要求。英国在 2025 年 4 月也发布了加密货币立法草案，要求稳定币发行者接受英国金融行为监管局审计，并纳入国家支付清算体系。这一路径的核心逻辑是"可控替代而非全面封禁"，即承认稳定币的市场功能，在法律边界内允许其参与支付与流通，但设定合规门槛与监管锚点，维持本币在税收、工资等官方场景中的货币主导地位。

技术替代维度的应对路径则更为根本性，即由央行主导研发和发行央行数字货币，以技术对技术的方式应对稳定币带来的功能侵蚀。根据公开信息，粗略估计，目前已超百个国家正在探索或者已经启动央行数字货币项目，其中中国的数字人民币（e-CNY）、印度的 Digital Rupee 和尼日利亚的 e-Naira 已进入试点或正式推出阶段。各国央行希望通过央行数字货币实现以下目标：维护货币主权与支付主导权；保留支付、储值与借贷行为的可视性；实现货币政策的链上可达性，恢复政策传导闭环；提供对抗稳定币的"低成本、可编程"替代工具。然而，央行数字货币目前仍存在接受度低、功能缺失、缺乏激励等实际问题。例如，数字人民币目前主要应用于政府补贴、电商支付等场景，未能形成对 USDT 等稳定币的用户迁移；用户缺乏持有央行数字货币的收益动因（无利息），且央行数字货币在跨链流通、金融创新方面难以与 DeFi 生态进行灵活性竞争。因此，央行数字货币虽是各国央行的战略重点，但其实际效果尚未充分兑现。

第三个应对维度"跨境协调"，意味着需要构建跨境协调治理平台，以解决稳定币带来的全球货币政策碎片化与监管套利问题。国际清算银行和国际货币基金组织已于 2023—2024 年提出"跨境央行数字货币互操作网络"与"稳定币审计标准框架"两个原型项目。其中，国际清算银行提出的"mBridge 项目"已接入中国内地、泰国、阿联酋和中国香港的央行数字货币，以探索跨境清算与支付效率提升，同时确保央行对交易的可监控性。此外，国际货币基金组织也呼吁建立一个全球稳定币风险评估与合规审查平台，防止稳定币成为被制裁国家或非法资本流动的"绕道工具"。欧盟与 G7 国家则希望将稳定币纳入金融行动特别工作组的反洗钱与反恐怖融资规则框架中，强化链上可审计性与金融透明度。这种跨境协调路径，虽需时间与政治意愿推动，但被视为后 SWIFT 时代数字金融主权重构的必要机制，也被视为防止稳定币演变为链上离岸金融网络的关键抓手。

倒逼货币政策思维范式转变

随着稳定币的大规模普及，全球货币体系正从以国家法币为唯一锚定中心的单一主权货币秩序，逐步演化为一个"多中心、多轨道"的多元货币网络。在这一新格局下，央行对本币的"垄断性供给权"正被削弱，货币政策的有效性正面临空前挑战。

在传统体制内，法定货币仍将在税收缴纳、政府工资发放与官方支出中保持其基础性地位，这部分体系依赖国家主权信用与财政系统的强制力支撑。央行的利率调控、公开市场操作等手段，仍将在这些领域发挥作用，影响企业融资成本与居民信贷行为。

但与此同时，稳定币正在主导另一个平行世界的金融秩序：全球贸易结算、跨境汇款、数字资产交易、链上借贷与理财等活动，开始越来越多地依赖 USDT、USDC、DAI 等稳定币，并将它们作为价值载体与支付工具。稳定币不仅突破了传统支付清算网络的限制，还以去信任、编程化、链上透明等特性，迅速构建起独立于国家金融体系的"链上金融操作系统"。

在这样的背景下，央行传统货币政策的传导机制出现"管辖对象断裂"，即一部分金融活动主体脱离了银行体系，不再受制于利率调控、不再计入 M2、不再通过传统信贷链条配置资金。更进一步，链上经济体内部甚至已形成自洽的利率机制：Aave、Compound、Ethena 等 DeFi 平台的协议利率在主导链上借贷行为，sUSDe、DAI 存款利率等协议收益在引导资金流向，而这些"协议利率"与央行政策利率之间基本不存在传导关系。这种现象被称为"货币政策的协议化与去主权化"，意味着央行的工具箱在链上金融世界中失去效力。

因此，未来的货币政策不再是单一维度的统一调控，而将是多场景、多对象、多工具的碎片化治理：央行不仅要考虑如何设定利率或调整流动性，更要重新审视："我所设定的政策，是否还能作用于我想影响的对象？"这将倒逼政策思维范式的转变：从"中心辐射式"政策工具转向"节点协同式"政策工具，从调节"银行行为"转向影响"多元网络参与者行为"，从"宏观货币量管理"转向"链上资产行为建模"，从国内封闭治理走向"跨链、跨境、跨制度"融合协调。

未来稳定币的生态广度与渗透深度，或将成为评估一个国家金融韧性与政策灵活性的新变量。货币政策的未来，已经不只是"该怎么调控"，而且是必须正视"还能对谁生效"这一根本性问题。

第 6 章　作为被挑战者：稳定币面临的困局与考验

6.1　威胁国家货币主权

稳定币的超主权属性，源于其锚定机制与全球流通能力。首先，稳定币往往锚定一篮子主权货币，其币值稳定并不依赖某一单一国家的货币政策，而是由发行方通过资产组合进行"二次发行"，在市场中充当统一的流通媒介。消费者虽基于对法币的信任而购买稳定币，但实则助推了稳定币在更多场景中的使用，从而提升其"类货币"的普适性。

其次，稳定币依托区块链网络在全球流通，不受传统金融体系限制。其跨境支付效率高、门槛低、费用少，逐渐获得全球用户尤其是发展中国家商贸活动的青睐。因此，稳定币不仅在技术上具备成为超主权货币的潜力，在现实中也正以"网络原生货币"的身份渗透各国金融系统。

这一趋势对主权国家构成直接冲击。国家依赖本币在支付、储值、定价等方面的功能来施行货币政策与维护金融稳定，而稳定币即便不锚定本国资产，也可用作支付工具和财富保值手段，从而挤压了主权货币的使用空间。金融稳定委员会（FSB）指出，稳定币在某些司法辖区可能具备系统重要性，甚至有能力在一国或全球范围内替代部分货币职能。国际货币基金组织也警示，稳定币对货币较弱国家的威胁更为显著：当本币因通胀或政治不稳定而贬值时，民众往往倾向于转向锚定美元等强势货币的稳定币进行储值，长期如此将加剧"货币替代"现象，动摇本国货币根基。

对强势货币国家而言，稳定币也并不是完全没有风险的。虽然稳定币不太可能完全取代其本币，但它作为私人机构发行的货币广泛流通，仍会削弱中央银行对货币供应与利率的控制力，干扰其货币政策的有效性。

尤其值得关注的是，在跨境贸易场景中，若交易双方以稳定币完成支付，则传统法币虽仍被用于记账，但其支付功能已被替代；更进一步，若稳定币直接作为记账单位参与国际结算，则将削弱国家通过汇率与货币政策调控贸易平衡的能力。当前已有国家对私营数字货币赋予合法地位，如萨尔瓦多于2021年将比特币定为法定货币，德国也允许以比特币纳税与交易。这类趋势一旦扩展，国际贸易将可能面临以稳定币为中介的新型汇率波动体系，进而削弱主权货币的使用地位和全球接受度。

尽管稳定币的"超主权性"可能有助于推动全球货币体系朝着多极化方向演进，但这一特征实际上构成了对国家货币主权潜在的威胁，这一点在稳定币的未来发展过程中尤其需要引起重视和予以防范。为了应对这一挑战，监管机构和政策制定者必须深入研究稳定币的运作机制，并制定相应的法律法规来确保金融系统的稳定性和国家货币主权的完整。

6.2 去中心化带来"监管真空"

金融安全是国家经济稳定的基石，这既包括国内金融体系的稳健运行，也涵盖全球金融体系的协调发展。传统金融体系下，国家通过中央银行等核心机构实施货币政策、管理信用风险、调节资本流动，以维护金融秩序；国际金融体系则由大型商业银行等中心化节点构建，金融安全依赖主权国家间的政治协同与监管共识。然而，稳定币作为去中心化金融的代表性工具，正在重塑这一既有逻辑。

与依赖国家信用作为支撑的法定货币或央行数字货币不同，稳定币往往由私营机构发行，运行在无需中央中介的区块链系统之上。这种"技术自主性"削弱了国家对货币发行、支付清算和交易审查的控制能力。稳定币以非主权资产为锚定依据，却可在全球范围内流通结算，在跨境贸易和资产转移中对传统监管机制形成结构性穿透，极易形成所谓的"监管真空"。

当前，国际金融监管体系尚未完全适应这一新兴事物的扩张节奏。稳定币搭建的链上支付网络日益成熟，成为绕开现有金融合规框架的"灰色通道"。一旦稳定币被广泛嵌入国际支付体系并与法币并行使用，国家货币政策与资本监管的基础将受到根本性侵蚀，进而对全球金融安全构成系统性挑战。

从监管视角看，围绕稳定币的金融安全争议主要集中在两个方面：

一是去中心化程度与风险可控性的平衡问题。去中心化有助于提升跨境支付效率、降低交易成本，但过度去中心化会削弱监管追踪能力，导致风险蔓延。以稳定币为载体的交易系统往往缺乏统一管理节点，金融监管部门难以实时获取有效信息，从而被限制了对金融风险的识别和应对。

二是匿名性带来的治理困境。加密货币交易的高度匿名性与难以溯源性，为洗钱、逃税、地下交易和恐怖融资等非法行为提供了便利条件。稳定币在实现全球无摩擦转账的同时，也被广泛用于"灰色地带"的资金流动，形成国家金融监管盲区。在现有法律体系中，稳定币的私营发行方不承担监管责任，这一现实进一步加剧了治理难度。

从发行机制来看，虽然央行数字货币和稳定币在技术层面均采用区块链账本并实现分布式交易，但二者在治理架构上截然不同：央行数字货币由国家主权担保并被纳入法定货币体系，具备中心化可控性；而稳定币的运转则多依赖私营科技企业支持与算法机制，其去中心化本质上并不彻底，而是转向了"新中心化"，即由科技公司掌握关键数据与系统运行权。随着稳定币在国际贸易中得到广泛使用，私营机构已实际控制了海量的用户隐私信息和交易数据，这不仅带来了数据滥用的伦理风险，更威胁到国家层面的数据主权。

在这一背景下，金融监管权正从国家手中悄然向大型私营科技平台转移，导致"治理主体非国家化"现象日益凸显。如果不对稳定币与央行数字货币之间的关系加以规范，不仅将造成监管碎片化，还可能引发系统性金融信息泄露及金融秩序错配与国际货币体系的结构性失衡。

面对上述问题，各国监管当局和国际组织的监管响应长期滞后。金融稳定委员会在早期曾低估数字货币的系统影响力，以至于直到 2020 年才发布《解决"全球稳定币"项目所引起的监管、监督挑战》(Addressing the Regulatory, Supervisory and Oversight Challenges Raised by Global Stablecoin Arrangements)，明确提出应加强监管统筹、提升风险评估能力。各国对此反应不一，部分国家（如中国）选择严格禁止私人稳定币，而其他一些国家（如新加坡、英国）则尝试设立许可制度和透明度规则。

总体来看，稳定币所代表的"去中心化金融秩序"面临监管方面的考验，在确保金融创新与金融安全之间寻找平衡，已成为全球各国监管者面临的共同课题。可以预见，央行数字货币将成为未来主权国家对抗稳定币金融风险的战略工具。一方面，央行数字货币能够兼顾技术创新与合规治理，满足国家对金融主权、资本流动控制与反洗钱监管的核心诉求；另一方面，稳定币的风险治理也将倒逼全球监管协作机制的重建，促进各央行间的协调与多边监管平台的形成。

6.3　合规性与运营管理的双重挑战

尽管稳定币所基于的区块链底层技术具备较高的技术安全

性，例如比特币等去中心化加密资产在长时间内未被攻破体现出加密网络的稳健性，但稳定币真正的系统性风险并不来自链上技术本身，而是集中于其发行机构的合规性与日常管理能力。

首先，储备资产的透明度是影响市场信心的关键因素。稳定币的币值锚定逻辑要求发行方必须以等值资产进行足额储备，以支持用户的赎回需求。一旦发行方未能提供充分、可信的资产证明，就容易引发市场恐慌，进而触发挤兑危机。历史上，USDT 因信息披露不透明、储备资产构成模糊而屡遭质疑，被外界指责存在"超发"行为，即未完全以法币或等价资产进行抵押发行。

其次，法律与监管合规性风险日益突出。以 BUSD 为例，这一由 Paxos 与币安合作发行的美元稳定币，尽管宣称拥有 100% 现金和美债储备，并接受纽约州金融服务部监管，但 2023 年初，美国监管机构以合规审查未决为由，要求 Paxos 停止发行 BUSD。这一事件导致 BUSD 的市值迅速下滑，部分时间段内甚至出现脱锚，最终逐步退出主流稳定币市场。这一案例表明，稳定币即便表面合规，若监管信心不足，其存续基础仍可能被迅速动摇。

除了制度性风险，日常运营管理失误亦是影响稳定币稳定性的关键隐患。其中，流动性管理不当最为常见。发行方若无法及时兑付用户赎回请求，尤其在极端市场情绪下，就容易出现大规模挤兑，稳定币价格将跌破锚定值。例如，HUSD 作为火币曾推出的稳定币，因高度依赖单一交易所，一旦平台运营出现问题，其流动性就迅速枯竭，最终失去锚定功能。

另一个典型案例是 USDC 在 2023 年硅谷银行事件中的脱锚

风波。USDC 的发行方 Circle 将部分储备金存放于硅谷银行。在硅谷银行突发破产风险后，市场担忧这些资金无法赎回，引发用户集中赎回和恐慌性抛售，USDC 的价格一度跌至 0.87 美元，创下历史新低。随后，Circle 紧急宣布动用自有资金填补储备缺口，并配合美联储、美国财政部等协调处理硅谷银行存款保障事宜，在多方干预下，USDC 的价格于短期内恢复至 1 美元水平，稳定币价恢复稳定。但此次事件凸显出，即便是合规稳定币亦难以完全抵御系统性金融冲击，市场对储备托管银行和资金安全的高度敏感性仍是不可忽视的风险来源。

从宏观层面来看，稳定币还存在内在脆弱性与制度不确定性。一方面，若发行方未严格执行 100% 锚定储备原则，随意增发，将埋下系统性超发的隐患。以 USDT 为例，其资产结构长期缺乏清晰的第三方审计支持，致使其在总发行量激增的过程中始终伴随着超发质疑。另一方面，稳定币缺乏中央银行担任最后贷款人，缺乏传统金融体系的流动性安全垫，若发行机构破产，投资者是否具备法律上的优先赎回权、资产清算流程是否透明等问题，均存在极大不确定性。这种制度模糊性削弱了公众对稳定币作为安全储值工具的信任，进一步影响其流通接受度。

稳定币的困局远不止链上技术本身，更在于其发行与管理过程的合规性、透明度及稳健性。随着稳定币市场体量不断扩大，其系统重要性有所提升，未来亟须在全球范围内建立统一监管框架，并对发行机构的审计机制、流动性储备、法律责任归属等方面形成清晰标准，以确保稳定币在金融体系中扮演"稳定"的角色，而非风险放大器。

6.4 灰色产业隐忧

随着稳定币，尤其是 USDT，在全球范围内的广泛流通，其在提升跨境支付效率、降低交易成本方面的正面作用日益显现。然而，伴随匿名性、便捷性与监管滞后性的特点，稳定币也逐渐成为"黑灰产"链条中的首选工具，面临风险考验。

首先，洗钱与恐怖融资风险持续上升。稳定币的假名使用、不强制 KYC 等特征，使其在绕过传统金融监管方面具备天然优势。尤其是在跨境资金流动受限的背景下，USDT 频繁出现在毒品交易、非法资金外逃、贿赂等高风险交易中。例如，美国司法部早在 2020 年便披露了一起利用 USDT 进行毒品走私与贿赂的案件，充分暴露了稳定币在隐蔽性与流动性结合下的犯罪利用价值。Tether 亦在 2023 年冻结了 32 个与中东及东欧冲突相关的 USDT 地址，涉案金额超过 87 万美元，进一步验证了其在战区和制裁规避中的敏感角色。

其次，网络赌博领域的广泛使用，加剧了稳定币与灰色产业的深度绑定。通过搭建伪装合法的赌博平台并配合加密货币支付，"黑灰产"链条中的参与者实现了从吸金、洗钱到资金再分配的完整闭环。赌博平台背后往往伴随大量虚拟身份、恶意推广与自动化交易工具的应用，使得追踪资金来源与去向变得异常困难。

再次，恐怖主义组织对稳定币的利用日益频繁。恐怖组织利用稳定币规避传统金融系统的审查，通过链上募资、匿名分发和跨境结算开展活动。根据联合国在 2024 年发布的一份报告，拉撒路集团在 2017 年到 2023 年间共发动了 58 起针对加密货币公司的网络攻击，造成损失约 30 亿美元。2025 年 2 月，据信，拉撒路集团从 Bybit 盗取了约 15 亿美元的虚拟货币，为历史上最大的案件。目前其洗钱模式已从早期依赖中心化交易所转向使用混币协议（如 Tornado Cash）及构造大量假币交易地址，以有效干扰链上追踪。

最后，"黑 U"现象的泛滥也引发强烈担忧。根据链上数据，超过半数的"黑 U"资产与非法活动有关，绝大多数被用于链上洗钱。洗钱技术不断升级，分账处理、小额多笔交易、伪造交易记录等手段频出，极大增加了监管部门的识别难度与执法成本。

总之，稳定币在为全球金融带来新效率的同时，也正悄然撬动着地下经济、网络犯罪与恐怖融资等灰色力量的结构性演化。若缺乏制度化、国际化的监管合作与技术治理框架，其"正当支付工具"属性恐将被"犯罪金融媒介"所利用，进而侵蚀全球金融稳定的底层安全网。稳定币的治理必须重视这一隐忧，以及前述几方面的挑战，这是全球金融治理体系的"链上考验"。

第 7 章 稳定币治理：创新与监管的博弈

7.1 稳定币的野蛮成长

稳定币作为加密货币生态中发展最迅猛的板块之一，其成长路径却始终游走于监管体系的灰色地带。从 USDT、DAI，到 TerraUSD（UST）、USDC、FRAX 乃至 USDD，稳定币的发展从未偏离过"先行试错、后置合规"的逻辑。

这背后是一个深层结构性问题：传统金融监管体系难以准确嵌套加密资产的新型范式。以美国为例，其证券交易委员会、商品期货交易委员会、金融犯罪执法网络和货币监理署等多个监管部门都有对加密货币进行监管的意愿和案例，各自从证券、商品、反洗钱、支付清算等角度提出解释，却始终未能建立一套统一、明确的法律框架。这种"多头监管、权责交叉"的现实，使得稳定币项目在实践中不断面临法律诉讼、合规空白和政策不确定性。例如，Tether 就曾因信息披露不足与储备资产不透明，被纽约州总检察长办公室调查近两年，最终支付 1850 万美元罚款，并退出纽约市场。

稳定币的"法律身份"也因国别而异——它在一些国家或地区被视为电子货币，在另一些地方则被看作证券、商品、集合投资计划，甚至完全不受监管。这种法律认定的模糊性和多样性，成为滋养稳定币行业野蛮生长的"温床"，同时也掣肘了风险治理与金融稳定的机制建设。

事实上，监管的"迟到"并非单纯的懈怠，而是源于稳定币天然具有的跨领域属性和金融创新复杂性。稳定币不仅涉及支付工具、存款替代、货币锚定等传统金融功能，还潜藏着对货币主权、跨境资本管控、反洗钱体系与金融稳定的系统性冲击。国际货币基金组织、国际清算银行、金融稳定委员会等机构近年来密集发布报告，指出稳定币可能对传统金融系统构成"结构性挑战"，并呼吁建立统一监管框架。

尤其是 2019 年 6 月 18 日，全球社交媒体巨头 Facebook 通过其独立子公司 Calibra 正式发布了 Libra（天秤币）项目白皮书。该项目旨在建立一个面向全球，尤其是服务于 17 亿尚未接入传统金融体系人群的去中心化数字金融基础设施。Libra 计划发行一种由一篮子法定货币存款和短期政府债券等现实资产支持的低波动性加密货币，并构建基于区块链的智能合约平台，致力于打造一个无国界、低门槛、高可达性的全球支付与金融生态系统。Libra 的本质是以一揽子强势货币计价的资产作为信用支持的超主权货币。这引发各国警觉，同时也标志着监管机构开始系统性思考稳定币带来的新型金融风险。2020 年以来，从国际证监会组织的《全球稳定币动议报告》到金融稳定委员会的监管建议，再到 2023 年欧盟的《MiCA 法案》生效，可以看出全球主要经济体开始以"相同业务、相同风险、相同监管"为原则，推动将稳定币纳入现有金融法治框架。

总的来看，稳定币的监管"迟到"，并非缺席，而是源于其高度复合性与跨境特征所带来的制度调适滞后。在监管缺位的灰色地带中，稳定币行业得以快速扩张，却也留下了制度空当、信任危机与系统风险。而如何在不扼杀创新的前提下完善稳定币的合规路径，将是全球金融监管未来十年绕不开的重要课题。

7.2　主要经济体的监管实践

美国：金融创新与美元霸权的"双重工程"

美国对稳定币的监管路径，体现了其在数字金融时代中试图兼顾推动金融创新与维护美元全球主导地位的双重战略目标。从 2018 年地方试点、行政执法主导，到 2025 年初步形成联邦立法框架，美国的稳定币监管经历了由"多头碎片"向"统一协调"的渐进式演进。这一过程不仅是金融治理能力现代化的体现，更深层地反映出美国对新兴金融工具如何嵌入其货币霸权体系的深谋远虑。

监管演进路径：从碎片到整合

美国的稳定币监管起步于州一级的牌照试验。2018 年，纽约州金融服务部率先批准了由 Gemini 和 Paxos 分别发行的首批受监管稳定币 GUSD 与 PAX，要求发行方维持 1:1 美元储备并接受第三方审计，由此奠定了美国稳定币监管"审慎合规＋披露透明"的基调。与此同时，Tether、Circle 等发行方也通过获取多个州级货币转移牌照开展业务，以满足各州不同的合规要求。纽约州还创设了被称为"BitLicense"的加密牌照制度，用于监管虚拟货币的商业活动。此外，其他各州也有不同的监管规定。得克萨斯州认为由主权货币支持的稳定币受其货币传播法监管。内布拉斯加州允许数字资产托管机构开展数字资产业务活动。怀俄明州通过了《怀俄明州稳定代币法案》，设立了怀俄明州稳定代币信托账户。此后，美国证券交易委员会、美国商品期货交易委员会、美国金融犯罪执法网络等联邦机构纷纷将加密资产纳入监管视野，但由于监管权限重叠、法律定义模糊，各机构频繁"打架"，加剧了市场不确定性。

这种"多头监管、执法先行、法规滞后"的格局在 2020 年前后暴露出风险。例如，Tether 曾被纽约州总检察长办公室指控虚假披露储备情况，并在 2021 年对其罚款 1850 万美元。这类事件迫使美国政府重新审视稳定币潜在的系统性影响。鉴于稳定币在加密数字货币生态系统中独特而重要的角色，美国各州和联邦金融监管当局开始寻求稳定币合规化以及监管稳定币的合理路径。自 2019 年国际清算银行在其报告中警示稳定币将对货币主权构成挑战以来，美国的金融监管机构开始密集发声。金融犯罪执法网络将稳定币发行方纳入《银行保密法》下的"货币服务提供商"范畴，要求履行 AML/KYC 义务；美国证券交易委员会和美国商品期货交易委员会则围绕稳定币是否构成证券或商品的监管争议进行磋商。

早在 2023 年，美国众议院金融服务委员会曾提出《稳定币透明度与问责法案》(Stablecoin Transparency and Accountability for a Better Ledger Economy Act，后文简称《STABLE 法案》)，试图为稳定币建立监管框架，但因两党分歧未能在参议院通过。2025年，美国稳定币立法迎来关键转折点。2025 年 2 月 4 日，参议员比尔·哈格蒂（Bill Hagerty）联合柯尔丝滕·吉利布兰德（Kirsten Gillibrand）和辛西娅·拉米斯（Cynthia Lummis）等两党议员，正式提出《GENIUS 法案》，旨在平衡创新与监管。2025年 3 月，美国众议院通过《STABLE 法案》，首次明确了"支付型稳定币"的法律定义和合规要求，包括必须 1:1 锚定美元、支持即时赎回、由联邦或州授权机构持牌发行，并禁止使用低流动性资产作为储备等。美国参议院在 2025 年 6 月表决通过了更具广泛共识的《GENIUS 法案》，该法案是多年来稳定币监管探索的集大成成果，确立了联邦级监管架构，强化了透明度、储备审计、科技巨头禁入等条款，并首次确认稳定币不属于证券及豁免适用证券法等。这个法案还增加了对大科技公司的限制条款，消除了部分议员对利益冲突的顾虑。

《GENIUS 法案》：美国稳定币监管的里程碑

《GENIUS 法案》是美国参议院于 2025 年 6 月正式通过的首个系统性稳定币监管立法，标志着稳定币从灰色地带迈入联邦合规体系。该法案不仅为稳定币设定了清晰的定义和监管边界，也为全球数字资产治理提供了重要范式。

《GENIUS 法案》确立了美国合规稳定币发行与运营的基本

制度。它将支付型稳定币定义为锚定国家法定货币（如美元）、不支付利息的数字资产，明确其不属于证券范畴。其关键条款规定，稳定币本身不得生息，息差收益归属发行方而非持有人。这一安排避免了稳定币对银行存款利率形成不对称竞争，强化其作为"结算工具"的功能属性，将其类比现金而非储蓄工具。

该法案还建立了联邦与州监管的双轨制度。规模小于 100 亿美元的发行人可选择经联邦财政部认定的州监管体系；大型发行人则须接受联邦层级的监管（在美联储、美国货币监理署、联邦存款保险公司中三选一）。所有持牌稳定币均可在全美范围内流通，解决了此前美国各州监管碎片化带来的障碍。

此外，该法案对储备资产与透明度提出了要求。其中要求稳定币发行人必须以高质量、流动性强的资产（如现金、90 天内到期的美债、央行回购协议等）作为 100% 储备资产，且与运营资金分离。发行人须定期披露储备结构，并通过合格第三方会计机构进行审计。若稳定币流通规模超过 500 亿美元，还需编制年度报告并接受审计审查。

为了保护消费者，《GENIUS 法案》将稳定币发行机构纳入 AML、KYC 和制裁合规义务框架，强化其金融机构身份。在发行机构破产时，稳定币持有人享有高于一般债权人的清偿优先权，以增强用户信心与安全性。

美国监管立法背后的深意：新秩序的起点

对内，《GENIUS 法案》为美国金融创新构建合规"跑道"。长期以来，美国在金融科技领域始终走在全球前列，但其对区块链和加密货币的监管模糊，使得这两个领域常被视为"灰色地带"。《GENIUS 法案》的出台，为稳定币这一关键基础设施明确了法律边界和运营规则，为创新者提供了合规的路径依赖。这意味着，金融科技企业、支付机构甚至传统银行在设计、发行、托管或应用稳定币时，不再面临合规不确定性带来的制度风险。同时，规范储备资产、公开审计、信息披露等制度安排，增强了对投资者和消费者的保护，修复了过去几年中稳定币暴雷、兑付危机带来的信任赤字。对金融体系而言，这种透明化、可监管的设计，使稳定币不再是风险源，而可能转化为支付清算和短期融资的稳健工具。

对外，《GENIUS 法案》意在重塑美元主导的全球支付生态。稳定币，尤其是美元稳定币，是"链上美元"全球流通的媒介。当前，USDT、USDC 等美元稳定币的交易量已超过多数国家法币的日均跨境结算额，其金融流量效应已远超许多传统支付系统。美国通过立法，明确稳定币必须以高质量美元资产为储备，并要求外国发行人"服从美国命令"，这实质上是将美元的结算主权延伸至全球链上金融活动。在这一逻辑下，美国力图构建一个"稳定币—美债—美元"闭环生态。例如，发行机构以美债为储备资产，稳定币流通则为美债注入资金来源，美元在区块链层面上再获"霸权"。这不仅将巩固美元作为全球储备货币的地位，更将对抗其他替代货币选项在链上金融中的潜在竞争。

对于全球监管来说，《GENIUS 法案》树立了监管范式，推动全球立法竞赛。该法案确立的"1:1 锚定 + 高质量储备 + 联邦 / 州监管 + 透明审计"的四要素模式，极有可能成为全球稳定币监管的"基准模板"。在其影响下，新加坡、新西兰、日本、英国等国正积极参考美国立法原则制定本地监管框架。

总之，美国稳定币监管立法有其超越金融合规范畴的深意。它是传统金融与加密金融实现融合的临界点，更是美国谋求数字货币时代全球金融主导地位的战略步骤。从这一视角出发，《GENIUS 法案》的落地可以视作"美元霸权 2.0"的正式启动和数字时代全球货币竞争的新开始。

欧盟：统一监管体系，推动稳定币与数字欧元并轨

在全球加密金融监管尚处于碎片化探索阶段之际，欧盟率先推出系统性监管框架，并将其视为捍卫金融主权与数字货币国际竞争地位的重要战略工具。《MiCA 法案》于 2023 年正式通过，并于 2024 年 6 月正式生效，成为全球第一个涵盖稳定币、加密资产发行与服务提供等全链条的统一监管法规。

《MiCA 法案》将加密资产分为三类，其中稳定币被细分为两种类型。电子货币型稳定币（EMT）是锚定单一法币（如欧元）的稳定币，类似数字现金，用于日常支付。资产参考型代币（ART）是锚定多种货币、商品或加密资产的复合型稳定币，风险较高，适用于更复杂的支付或结算场景。

《MiCA 法案》对稳定币的发行与流通设定了极为严格的条件。只有获得电子货币机构或信用机构牌照的法人实体，才能在欧盟发行稳定币。所有稳定币发行计划需向欧洲银行业管理局（EBA）和所在成员国金融监管机构备案并获得批准，确保其具备透明的储备机制和风控能力。发行人必须为每一单位稳定币持

有等值、高流动性的法币储备，并由独立机构托管。并且需定期公开储备资产审计、运营风险报告及赎回流程，增强用户对稳定币的信任。对具有系统性风险潜力的稳定币，设立交易总额、每日使用量等上限，以防止其对欧元体系构成冲击。

《MiCA 法案》的推出并非仅出于风险控制的目的，更重要的是对欧洲金融主权的主动维护。当前加密市场中，USDT 与 USDC 两种美元稳定币长期拥有 90% 以上的市占率，形成"美元链上霸权"。欧盟担心在链上金融时代，欧元被进一步边缘化。《MiCA 法案》意在通过明确欧元锚定资产的合法地位、推动本土合规稳定币（如 EURC）的发展，建立欧元的数字延伸。2019 年 Facebook 提出 Libra 计划，震惊全球各金融当局。欧盟认为，大型科技平台（如 Meta、Amazon）若控制稳定币发行权，将形成"数字货币垄断国"，进而威胁欧盟金融监管能力。因此，《MiCA 法案》在设计中明确排除了非金融公司直接发行系统性稳定币的可能。

《MiCA 法案》采用"护城河式"的监管设计，虽门槛高，但程序清晰透明，吸引了 Circle、Paxos 等头部稳定币公司积极申请欧盟牌照。欧盟希望借此复制《通用数据保护条例》（GDPR）的成功经验，形成"MiCA 标准输出"，在全球稳定币合规竞争中掌握主动权。

部分小型或去中心化稳定币因无法满足合规要求（如 DAI、FRAX）面临退出欧盟市场的风险，而合规稳定币（如 EURC、EUROe）将获得显著制度红利。《MiCA 法案》也倒逼美国加快稳定币立法进程（如加速了前文所提及的《GENIUS 法案》的通过），全球形成"美欧双极"的稳定币监管架构。《MiCA 法案》构建的法律框架、信息披露制度和金融安全机制，也为未来欧元央行数字货币落地提供了制度模板。

总体来看，《MiCA 法案》体现了欧盟"用监管塑造市场"的战略思维，不仅在法律层面填补了数字金融的空白，也在货币主权竞争中尝试在数字时代为欧元赢得生存空间。未来，《MiCA 法案》或将成为各国加密立法模仿的重要对象之一。

中国香港：打造"虚拟资产之都"

2022 年 10 月，中国香港特区政府发布《有关香港虚拟资产发展的政策宣言》，表明其对虚拟资产整体呈开放兼容、拥抱创新的态度，明确提出了打造"虚拟资产之都"的发展目标，并接连出台了多项数字资产政策，包括虚拟资产服务提供商牌照制度、加密资产 ETF 上市支持以及数字港元"e-HKD"的试点测试。

在监管框架构建阶段（2023—2024 年），香港金融管理局与香港财经事务及库务局于 2023 年 12 月联合发布《有关香港稳定币发行人建议监管制度的立法建议咨询文件》，明确以"法币稳定币"为监管重点，为后续立法奠定基础。2024 年 3 月，香港特区政府又推出"沙盒"制度，允许京东币链、渣打银行香港分行等机构在监管下测试稳定币发行与支付场景；7 月，发布咨询总结报告，提出发牌制度、储备资产要求等核心规则，当月公布的"沙盒计划"首批三家参与机构，包括京东币链、圆币创新，以及联合申请的渣打银行香港分行、安拟集团和香港电讯组合，入选机构可以在指定范围内测试预期业务模式。2024 年 12 月，《稳定币条例草案》被提交香港特区立法会一读，标志着香港稳定币监管框架的初步成形。2025 年 5 月 21 日，香港特区立法会正式三读通过《稳定币条例草案》，展示了其主动融入全球金融科技浪潮、争夺加密金融"制高点"的政策雄心。香港特区政府宣布拟于 2025 年内推行稳定币牌照制度，监管对象包括法币抵押型稳定币（如 USDT、USDC、EURC 等），不涵盖算法稳定币，标志香港的稳定币监管向风险可控的资产类别优先靠拢。

根据香港金融管理局发布的制度框架，稳定币发行人如要面向香港公众提供服务，必须持牌经营，接受持续监管和履行信息披露义务。所有稳定币需以港币、美元或其他主要货币全额、等值储备，支持即时赎回，储备资产范围包括短期政府债券、现金存款、逆回购协议等流动性极高的资产。储备资产必须与公司运营资金严格隔离，接受第三方托管和定期审计。发行人需全面符合《打击洗钱及恐怖分子资金筹集条例》及金融行动特别工作组的规定，如兑付机制失败或流动性枯竭，须有兜底方案或保障基金。值得注意的是，该制度允许"本地牌照＋跨境通用"模式，即香港特区政府认可某些境外发行人通过合格监管机制在港提供服务，从而提高香港对国际项目的吸引力。

香港特区政府的此次制度框架在设计逻辑上，明显对标了欧盟的《MiCA 法案》与美国的《GENIUS 法案》，但更加注重灵活性与监管协商机制，意在打造更具包容性的合规环境。相比欧盟《MiCA 法案》对全欧统一执行的刚性要求，中国香港的牌照制度可因地制宜进行豁免。相比美国《GENIUS 法案》禁止稳定币产生利息，中国香港并未"一刀切"禁止收益型产品，而是表示"将进行个案审查"。此外，关于挂钩资产，美国的方案规定稳定币只能挂钩法币，而中国香港的方案允许挂钩法币和其他高质量、低风险、高流动性的资产，虽然初期来看香港地区发行的稳定币仍会以挂钩港元为主。在国际合作方面，中国香港强调与 G20 成员及金融稳定委员会同步推进监管标准，展现出全球视野与制度兼容性。这一策略有助于香港地区形成自身制度特色，在国际监管趋严的大背景下，吸引亚太地区的稳定币发行人、金融科技公司、跨境支付机构及加密基金，进而将香港地区塑造成"亚洲的稳定币资产清算中心"。

香港在推进稳定币监管的同时，也积极探索数字港元"e-HKD"的场景试点。未来，e-HKD 与合规稳定币有望形成"公私双轨"的数字货币体系。e-HKD 可用于公共服务、跨境批发结算、零售支付等高信任场景，稳定币则适用于 DeFi、跨境电商、Web3.0 生态等灵活创新场景。两者协同发展，有望强化香港地区在亚洲数字金融领域的领导地位，同时探索合规加密金融的新模式。

新加坡："监管 + 沙盒"，灵活审慎的稳定币治理模式

作为全球领先的金融科技中心，新加坡在稳定币监管方面采取了"监管框架 + 创新沙盒"并行的双轨治理模式，在确保金融安全与系统稳定的基础上，为稳定币和 Web3.0 创新预留发展空

间，逐渐形成独具特色的灵活审慎监管路径。

新加坡金融管理局长期奉行拥抱创新、风险可控的监管思路。在稳定币领域，这一理念尤为突出。一方面，新加坡金融管理局强调稳定币"可成为支付系统的重要组成部分"，并指出"监管稳定币的目的是建立公众信心、提升透明度和保护消费者利益"；另一方面，新加坡金融管理局也明确反对无抵押、价格剧烈波动的算法稳定币在支付和流通中广泛使用，并将其排除在核心监管之外。

2019 年 1 月 14 日，新加坡金融管理局颁布了《支付服务法案》(PSA)，该法案于 2020 年 1 月 28 日正式生效，为稳定币和其他数字资产的发行、交易和使用提供了明确的监管框架，促进了市场的合法化和规范化。新加坡金融管理局后又在 2022 年公布了针对稳定币相关活动的建议监管举措。经过近一年的公众咨询与反馈，最后于 2023 年 8 月发布正式监管规则，并于 2024 年年中启动实施。这一监管制度被誉为"亚太地区最成熟的稳定币规则之一"。新加坡的稳定币监管框架明确允许发行与单一货币锚定的稳定币（single-currency stablecoin，SCS），锚定货币可以是新元，也可以是 G10 国家的货币（美元、澳大利亚元、加拿大元、英镑、欧元、日元、新西兰元、挪威克朗、瑞典克朗、瑞士法郎)。

发行人应确保所有合规稳定币以等额法币储备支持，资产包括现金、短期政府债券等流动性强的低风险资产。用户必须能在规定时间内以等值法币兑换稳定币，确保稳定币价格锚定和使用信心。发行人需公布储备结构、审计报告、持有人权利等信息，接受第三方审计。此外，发行人还需在资本与流动性、风险管理机制、反洗钱与反恐怖融资合规、科技与网络安全保障等四个方面符合要求。满足上述条件的稳定币，将被官方认定为 SCS，并被允许使用"MAS 受监管稳定币"标签，显著提升其市场信用与国际影响力。

除主监管轨道外，新加坡金融管理局早在 2016 年起就设立了金融科技监管沙盒，为尚不满足正式监管条件但具备创新潜力的项目提供临时合规通道。在稳定币领域，新加坡支持新型跨链稳定币测试流通机制（如使用"央行数字货币＋稳定币"混合结算），允许稳定币与 DeFi 协议组合进行封闭式实验，鼓励新加坡本地银行、支付机构探索发行或托管合规稳定币。例如，Grab、Xfers（Fazz）、StraitsX 等新加坡本地科技公司通过沙盒机制试点推出了与新元挂钩的 XSGD，并最终在获得新加坡金融管理局认可后逐步向市场推广。

随着 Web3.0 应用（如去中心化交易所、链上游戏、元宇宙）日益增加，新加坡正推动将合规稳定币嵌入数字经济基础设施。未来方向包括：将稳定币作为 Web3.0 支付工具广泛接入平台（如电商、数字钱包、支付网关）；促进稳定币与新加坡本地央行数字货币（e-SGD）协同发展，推动公私货币体系融合；鼓励稳定币在跨境汇款、资产（现实世界资产）代币化、DeFi 等场景中发挥结算桥梁作用。

新加坡通过监管与沙盒并轨的方式，为全球稳定币生态提供了一个包容审慎、制度灵活的示范模型。其平衡监管效率与创新空间的能力，不仅巩固了其作为亚洲金融科技高地的地位，也使其有望在未来的全球稳定币体系中，扮演关键的制度中介与区域桥梁角色。

7.3 数字金融"紧箍咒"：稳定币合规监管的核心议题

随着稳定币市场规模迅速扩大，其对传统金融体系、货币政策传导机制以及跨境资本流动的影响愈发显著。各国监管机构在推动稳定币合规化的过程中，面临多重核心议题与利益博弈的焦点，这些问题不仅涉及金融安全与消费者保护，也关乎货币主权、数据管控与全球治理权的重塑。

稳定币的金融属性界定：证券、支付工具还是银行负债

监管合规的首要议题是如何界定稳定币的法律属性。由于稳定币兼具支付工具、交易媒介、储值资产等多重功能，而各国的金融体系结构与法律传统存在差异，不同国家的监管机构对其的界定存在分歧。美国证券交易委员会认为部分稳定币具有证券属性，应纳入证券法监管；美国商品期货交易委员会视其为商品，主张依据商品交易法监管；欧盟的《MiCA 法案》则创造性地设立 EMT 和 ART 分类，以涵盖不同类型的稳定币。

这种多头争议不仅影响监管归属，也关系到监管强度与发行门槛。例如，将稳定币视为证券可能意味着高昂的注册义务与信息披露要求，而将其视为支付工具则更偏向反洗钱与透明度监管。因此，"稳定币是什么"并非技术定义问题，而是涉及监管权力、行业合规成本和发展路径的政治与经济博弈。

储备资产管理标准：资产安全 vs. 利差归属

稳定币锚定机制的核心在于其储备资产的种类、比例与托管方式。围绕储备资产管理，各监管机构形成了多个博弈焦点。

在储备资产的合规性与流动性要求方面，大多数监管草案要求储备资产应为高质量流动资产，如短期美债、现金、央行准备金等，以确保稳定币的兑付安全。例如，美国的《GENIUS 法案》规定储备资产必须满足期限小于 90 天且可随时变现。

在储备资产的托管与审计透明度要求方面，大部分监管机构要求稳定币发行人委托第三方银行进行托管，且需接受周期性审计，防止挪用或虚假披露。但一些项目方更倾向于将资金保留在自身控制的钱包或智能合约中，形成监管合规与去中心化理念的冲突。

在利差收益归属方面，不同的监管方也存在分歧。稳定币储备金若投入短期美债将产生利息收益，监管的焦点在于收益归谁所有。《GENIUS 法案》明确规定，利差归发行方而非持有人，以避免稳定币"变相提供收益"，对银行存款形成竞争。这一制度设计意图强化稳定币的支付工具属性，而非理财产品属性，但也引发了资本集中化与垄断收益分配的争议。

跨境监管协调：货币主权 vs. 数字金融开放

与传统金融体系相比，稳定币以区块链为基础、以去中介为特征，打破了"银行存款—中央清算—支付系统"这一层层嵌套的金融基础设施逻辑。它直接挑战了四大核心监管逻辑：货币发行权，即谁能发行被广泛接受的"准货币"；支付清算权，即谁能主导全球的价值转移网络；金融安全网设计，即在无中央担保的情况下，如何构建信任；货币政策传导机制，即央行如何掌握调控经济的杠杆。因此，监管机构必须重新回答一个根本问题：在"链上世界"中，如何重新定义权力、责任与激励。

此外，稳定币的无国界特性使得跨境监管协调成为不可回避的议题。对发展中国家而言，稳定币的大规模流通可能加剧"本币替代"风险，动摇货币主权与资本管制能力。发达经济体则可能希望以合规稳定币构建全球支付基础设施新格局，扩大本国货币在数字时代的影响力。

因此，国际监管博弈不仅是技术标准的统一问题，更是金融话语权与货币霸权的再平衡。美国通过《GENIUS 法案》等立法，意在以"稳定币—美债—美元"闭环构建全球链上的美元生态，强化美元霸权。欧盟借助《MiCA 法案》推行统一监管，维护欧元区金融主权，防范美元稳定币渗透。中国香港和新加坡推动"监管沙盒＋牌照制度"双轨机制，意在抢占 Web3.0 金融枢纽地位。发展中国家则面临稳定币替代本币流通的"货币主权空心化"风险，需在"创新"与"防控"之间寻求微妙平衡。

正因如此，稳定币的监管不仅是对项目方、交易所、用户的约束，也是各国政府在未来数字金融体系中"占位"的工具与宣言。

消费者保护与危机处置：技术透明与法律兜底并重

随着稳定币在 C 端使用中的普及，如何保障消费者权益成为核心监管议题之一。稳定币是否具有赎回权保障？在市场动荡中是否能兑现 1:1 承诺？破产清算时持有人的法律地位如何，是否优先于一般债权人？如何防止"技术黑箱"诱发欺诈、挪用或恶意操纵行为？这些都是重要的课题。

多个监管提案已将"消费者优先偿付权""合格托管""定期信息披露"等要求纳入法规中。如《GENIUS 法案》规定，持币人在稳定币发行机构破产时享有优先兑付权，并要求发行机构的 CEO/CFO 对披露信息承担法律责任。但与此同时，DeFi 和去中心化治理所倡导的无身份、无审查交易方式，与 KYC/AML 及消费者追责机制存在冲突。未来合规化过程将面临"隐私保护 vs. 可监管性""代码自治 vs. 法律责任"的深层权衡。

数字金融逻辑下的制度重塑

稳定币的合规监管并非单一技术问题，而是围绕金融本质、权力分配、收益归属、跨境治理展开的深层制度重塑。其背后隐藏的是旧有金融体系对新金融逻辑的吸纳、整合与限制。未来监管的成败，将决定稳定币是被驯服的美元 / 欧元数字工具，还是成为重塑全球货币秩序的新力量。各国正在以不同的制度选择，"下注"其未来在数字金融格局中的位置。

稳定币监管，是21世纪金融治理最具挑战性的"试炼场"。它不仅将检验各国能否平衡金融安全与技术创新，更将决定未来几十年全球金融中心的归属、货币格局的演变与资本流向的更迭。从这个意义上看，稳定币监管之争，不只是"谁来管"的问题，而是"谁来制定未来规则"的终极对决。

未来或将出现的几大监管趋势，值得关注。首先是链上规则制度化：稳定币的储备管理、赎回权利、会计处理、审计义务、反洗钱机制等，将从链下迁移到链上，以代码形式强制执行。其次是传统机构主动接入，银行、券商、支付机构等将成为合规稳定币的发行方与服务商，形成"链上金融国家队"。最后是合规全球化与分层监管并存，发达国家主导的稳定币规则将成为新一代全球金融标准，但发展中国家将寻求设立"防火墙"以保护本币体系。

第 8 章　美元稳定币的商业版图：三个案例

8.1　Tether 与 USDT：填补加密世界的美元空白

Tether 公司成立于 2014 年，是全球最大的稳定币 USDT 的发行商，截至 2025 年 5 月占据约 60% 的市场份额。[①] 第 2 章已初步给出 USDT 的发展史，这一部分我们进一步全面回顾 Tether 和 USDT 的市场历程，以更详细地了解美元稳定币的"巨头们"是如何"发家"的。具体来说，Tether 主要凭借其时间卡位、生态绑定、合规博弈与经济模型构建起优势。

先发者优势：实现"美元资产上链"

从前面的章节中可以看到，Tether 的成功起点，始于其在 2014 年率先推出 USDT 这一稳定币原型，成为全球第一个将法

---

① 根据 CoinGecko 网站，截至 2025 年 5 月 31 日，Tether 公司的市值为 1530 亿美元。

币锚定机制引入区块链的商业项目。在当时的加密货币市场，虽然波动性极高的比特币和其他加密货币激发了极客与投机者的热情，但对于绝大多数交易者和投资人而言，缺乏一个价格稳定、可兑换、便于转移的"链上价值锚"，使得交易风险极高，资产配置机制严重受限。

Tether 团队正是在这一背景下，借助加密交易平台 Bitfinex 的全球影响力及其在亚洲尤其是大中华区的本地化运营优势，快速填补了市场空白。值得注意的是，Bitfinex 早期由总部位于中国香港的团队运营，其首席执行官让-路易·范德维尔德（Jean-Louis van der Velde）曾长期在中国开展业务，对区域政策与当地市场的交易习惯有深入了解。他敏锐地捕捉到中国对加密货币的监管趋严给市场带来的"美元出入金难题"，并决心将 USDT 打造成加密用户在"链上"的数字美元银行账户。

2014 年，Tether 正式发行 USDT，首次部署在比特币区块链之上的 Omni Layer 协议中。这一协议作为早期智能合约平台的雏形，支持在比特币区块链上"附加"新型资产。尽管技术结构尚不成熟，交互效率和灵活性也远不如后来的以太币，但这一创新首次实现了"美元资产上链"的构想，为交易者提供了法币避险、链上结算与稳定储值的基本能力。

这一"先发者优势"不仅令 Tether 赢得了时间窗口，更赋予其品牌信用和网络效应，USDT 很快成为加密世界中最受信任、使用最广泛的"数字美元"代表。在当时没有央行数字货币、没有主权稳定币、没有主流监管框架的市场环境下，Tether 等于为链上世界注入了第一个"类法币系统"，开启了稳定币时代的序章。

与 Bitfinex 交易所深度绑定

Tether 的早期崛起离不开其与 Bitfinex 之间的深度绑定关系。2015 年，Bitfinex 成为第一个全面集成 USDT 的主流交易平台，允许用户以 USDT 为计价单位进行加密资产交易，并逐步将其设为默认的美元替代媒介。这一策略不仅为 USDT 提供了即时的市场应用场景，还使其快速积累了真实交易流量和用户黏性。

这种绑定关系远不只是"上架使用"这么简单。Bitfinex 与 Tether 在资金流动、用户对接、技术支持乃至后台管理层面都有紧密协作。Tether 为特定的场外交易市场客户和大型交易机构提供"美元入金—USDT 铸造—链上转移"的机制，而这些新铸造的 USDT 又往往会首先进入 Bitfinex 流通系统。这一闭环构建起 USDT 最早期的"铸造—使用—流通"的"流动性发动机"，并成为其在全球交易者中建立信任的基础。

值得注意的是，尽管 Bitfinex 管理团队并无华裔高管，但其对中国市场的理解和操作却十分娴熟。从账户服务、语言适配，到对用户资金流通的支持，Bitfinex 成为当时中国不少加密投资者绕开本地资本管制、间接接触美元的重要通道。在加密交易"美元结算"尚无官方渠道的环境下，USDT 成为华语加密社区的"地下美元"，而 Bitfinex 则是其最关键的入口。

在此过程中，Tether 与 Bitfinex 建立了一种"共生式合作"关系——Tether 提供"链上美元"的锚定与铸造，Bitfinex 提供市场流动性与用户应用场景，其中前者构建价值锚，后者则赋予其交易功能。这种合作不仅实现了用户层面对 USDT 的"可得性"

与"可用性",更在心理层面塑造了 Tether 在全球交易者中的信任标签。此外，Bitfinex 在币种上新、交易对扩展和资金转移等方面给予 USDT 大量优先权，助其迅速取代传统美元在交易所内的功能地位。

踩点山寨币牛市，实现新兴市场扩张

2015—2017 年，是加密货币史上极为关键的一段"资产爆发期"——比特币价格经历由熊转牛，以太坊生态初现雏形，大批"山寨币"（Altcoins）①涌现并借助 ICO 疯狂吸纳市场流动性。而 Tether 团队正是在这一阶段精准踩点，借助 USDT 的"数字美元"角色，全面扩展其生态版图。

在这一过程中，时间节点尤为关键。2015 年 8 月，中国央行对人民币进行对冲式贬值，加剧资本外流压力。与此同时，比特币在经历比特币交易所 Mt.Gox 破产②后跌至 135 美元的多年低点，体现了风险与机遇并存。不过，Tether 并未退缩，而是抓住

---

① Altcoins（Alternative Coins）是相对于比特币而言的所有其他加密货币的统称。它们通常在比特币之后发行，旨在改进比特币的某些局限，或探索不同的区块链应用场景。相比于比特币，大多数 Altcoin 的价格更容易剧烈波动。许多 Altcoin 项目昙花一现，部分项目则发展壮大，成功的 Altcoin 通常拥有强大开发社区与用户群。

② Mt. Gox 是一家位于日本的比特币交易所，曾经是世界上最大的比特币交易平台。2014 年 2 月，Mt. Gox 宣布破产，原因是其系统遭受黑客攻击，导致约 85 万个比特币被盗。该破产事件是加密货币历史上最著名、影响最深远的交易所倒闭事件之一，被广泛认为是比特币早期发展过程中的重大打击，亦揭示了中心化交易平台的系统性风险。

加密交易者对"稳定锚"的高度需求，加速推进 USDT 流通能力的跨平台布局。

同年 7 月 30 日，以太坊主网正式上线，开启了智能合约时代的序章。Tether 迅速响应，在以太坊上发行 ERC-20 标准的 USDT。这一技术革新带来了两个关键突破。首先是实现了技术兼容性跃升，ERC-20 标准通用性强，允许任何支持以太坊的钱包、交易所无缝集成 USDT，显著降低技术对接成本。其次是扩展了数字货币交易对。新兴交易平台纷纷上线"山寨币 /USDT"交易对，满足市场对"以稳定币计价的高频交易"的需求，进一步拓展了 USDT 的流动性半径。

USDT 因此迅速从 Bitfinex 这一"母平台"扩展至火币、OKCoin、比特币中国等中国主流交易所，再渗透至 Poloniex、云币、YoBit 等国际小型加密货币交易平台，形成主流与"草根"交易所同时引入的"双渠道扩展路径"。尤其值得一提的是，2017 年 ICO 热潮席卷全球，催生出数千种新币项目。在这些项目募资中，USDT 成为最重要的"美元替代通道"——投资者不再需要烦琐地将美元换成比特币或以太币，而是可以直接用 USDT 参与早期投资，从而将稳定币深度嵌入一级市场与项目融资生态。

在交易端，币安于 2017 年成立后迅速崛起，并在初期就以 USDT 为主要交易媒介，全面对接山寨币市场。这一布局奠定了 USDT 在币安平台上的基础货币地位，也使 Tether 进一步将其"数字美元"标准嵌入加密货币交易的核心场景。比特币从 2015 年的 135 美元飙升至 2017 年底的近 2 万美元；以太币也从 0.33 美元涨至超 1400 美元。在这波行情中，USDT 作为价值中枢和交易基准资产，成为资本流入和资产轮动的最优路径，其在整个加密生态中的地位迅速被固化。

这一时期，Tether 完成了产品与市场的高度契合，构建起一条对抗未来竞争者的"护城河"：USDT 已不仅仅是一个稳定币，而是加密市场的结算层、避险资产、融资工具、套利媒介、资产定价单位……它成为加密货币资本市场流动性的"血液"。

尤其是对中国籍网民组成的交易社区而言，USDT 凭借 Bitfinex 早期的背书、人民币贬值压力下的出海需求，以及对银行管控的规避能力，逐渐成为被广泛信任的"美元账户"工具。可以说，在交易者尚不信任"合规稳定币"的时代，Tether 抓住了"需求先于监管"的窗口机遇，以极强的实用性赢得市场天然垄断。

成为链上基础设施核心构建者

自 2020 年 DeFi 浪潮兴起以来，USDT 作为加密市场中最具流动性与认可度的稳定币之一，其角色已远不止"交易的工具"或"避险资产"，而是演化为链上金融系统的关键基础设施。

首先，在一级市场与 ICO/IEO[①] 场景中，USDT 成为加密项目融资中最常用的计价单位与筹资工具。相较于比特币、以太币等高波动性资产，USDT 提供了更稳定的价值锚，使投资者与项

---

① 即首次交易所发行（initial exchange offering），这是加密货币项目在一个或多个中心化交易所平台上进行的公开融资方式。与早期的 ICO 不同，IEO 由交易所作为中介，负责代币发行、审查与销售流程，因此通常被认为更为合规、安全，吸引了大量散户投资者。

目方在募资过程中可有效规避汇率波动风险，并提高资金使用效率。许多新兴公链与 Layer 1 生态项目在进行种子轮、私募轮募资时，均将 USDT 作为核心融资媒介。

其次，在二级市场与交易所层面，USDT 已全面取代比特币，成为交易所主流计价单位，并在中心化交易所与去中心化交易所中发挥关键作用。如 Uniswap、Curve、PancakeSwap 等去中心化交易平台均将 USDT 与主流代币形成常设流动性池，参与者通过 USDT 进行资产兑换、套利、收益耕作等活动，构成了链上金融市场的核心流动性枢纽。

更重要的是，DeFi 生态的爆发使得 USDT 深度嵌入一系列链上协议。在借贷协议如 Aave、Compound 中，USDT 是主要的抵押品与借贷资产之一，为用户提供链上信用市场入口。在稳定币聚合协议（如 Curve）中，USDT 与 USDC、DAI 共同构成"稳币交易池"，支持低滑点稳定币交易。在链上衍生品平台（如 dYdX 与 GMX）中，USDT 则常常被用作初始保证金与结算单位，承担"数字美元清算系统"的功能。

与此同时，USDT 的部署也随着区块链基础设施的多元化而大幅扩展。截至 2025 年初，Tether 团队已原生支持大约 12 条主流区块链（包括以太坊、Tron、Solana、Avalanche、Polygon、Algorand 等），以应对不同网络的用户偏好与技术要求。

遭遇监管风暴，启动"信任重建工程"

作为全球最早且市值最大的稳定币发行方，Tether 长期以来一直面临一个关键质疑：其发行的 USDT 是否真的由等量美元资产支持？这一问题不仅关乎其产品的信用基础，更是全球监管机构、机构投资者乃至整个加密生态能否接受其合法性的核心。

监管风暴最早在 2019 年 4 月全面爆发。美国纽约州总检察长办公室对 Tether、Bitfinex 及其母公司 iFinex 提起了具有标志性意义的指控，认为这三者在发行 USDT 和运营 Bitfinex 的过程中存在严重的误导性披露、客户资金挪用以及储备金不透明等问题，严重违反了纽约州适用的《马丁法案》(Martin Act)，该法案赋予纽约州检察长在金融欺诈案件中极大的调查和起诉权限。

美国纽约州总检察长办公室指出，Bitfinex 在面对交易损失时，通过未公开的内部操作挪用了高达 6.5 亿美元的 Tether 储备资金，用于弥补在合作支付商 "Crypto Capital" 账户被冻结后的资金缺口。这一行为涉嫌重大财务欺诈，且未告知投资者，严重违反市场透明原则。更值得警惕的是，Tether 与 Bitfinex 的高管高度重合，如 CEO、CFO、法务总监等为同一批人，两家公司实为 "一个董事会、两块招牌"，这加剧了利益输送与内部关联交易的风险。美国纽约州总检察长办公室还发现，Tether 在长达数年的时间内，并未以足额现金或等值流动资产支持其发行的 USDT，而是通过各种形式的资产混合支持，甚至在多个时间点未能保证 "100% 储备金"。这不仅动摇了 Tether "稳定币" 之名的基础，也在行业中引发信任危机。

面对这一系列质疑与指控，Tether 在 2021 年与纽约州总检察长办公室达成和解协议，支付 1850 万美元罚金，并承诺每季度公布储备状况与资产构成。此后，Tether 逐步启动 "信任重建工程"。自 2022 年起，Tether 引入了国际会计师事务所 BDO Italia 作为第三方审计机构，开始定期发布资产负债证明（Assurance Report），披露 USDT 储备的具体构成。从 2025 年 3 月底的审计报告来看，Tether 的资产总额已显著超过其所发行的 USDT 总量，显示出技术上的"超额准备"。这有助于缓解公众对"挤兑风险"的担忧。此外，Tether 已将其最具流动性的资金存放于巴哈马地区的两家商业银行，并表示已与全球范围内的七八家银行建立"多点、多币种"的账户关系。这种全球化的资金布局有助于其应对跨境监管风险与赎回压力，但也引发了关于审计标准不一、监管套利空间的持续讨论。

盈利能力：稳定收益与弹性扩张的双轮驱动

Tether 作为稳定币行业的先驱与龙头，其盈利模式早已超越了简单的代币铸造手续费，而逐步演化为一个兼具"金融中介职能"与"资产管理能力"的准金融机构。2024 年，Tether 实现年度净利润约 130 亿美元。据 Bitwise 的 CIO 马特·霍根（Matt Hougan）爆料，2024 年 Tether 团队的人数仅为 165 人，人均净利润达到了惊人 8000 万美元左右，甚至远超投资巨头高盛（后者的员工数约为 4.5 万人，2024 年全年利润约为 140 亿美元），充分展现了其"美元数字化"业务所蕴含的巨大商业潜力。这一盈利奇迹的背后，核心来自两大驱动引擎。

首先是 USDT 发行量的持续增长带来稳定利差收益。Tether 的商业模式的基础是"100% 资产支持"的 USDT。每一枚用户兑换进来的 USDT，Tether 都需要准备等值资产作为储备。这些储备资产并非闲置，而是主要投向短期美债、逆回购协议等高信用、高流动性、短久期的金融工具。截至 2025 年 5 月，USDT 的总市值达到 1530 亿美元，其中约 80%（超过 1200 亿美元）被投资于美国国债。当前全球仍处于利率中枢较高的货币政策阶段，截至 2025 年 5 月，3 个月期短期美债的收益率维持在 4.3% 左右。这意味着 Tether 每年可从美债资产中获得 50 亿美元左右的固定利息收入，这一收入成为其核心的现金流来源。

除了传统安全资产外，Tether 还将部分储备投资于黄金、比特币及其他加密资产，占比虽小，但具有强烈的市场弹性。当市场进入上行周期，例如比特币价格上涨至新高或黄金成为避险资产首选时，这部分头寸可带来极高的浮盈和估值增值。例如在 2023 年与 2024 年的加密货币市场复苏阶段，Tether 持有的比特币及相关资产价格显著反弹，产生了数十亿美元的未实现收益。这种"浮盈"虽不具稳定性，但极大地放大了公司在牛市中的盈利能力，是其利润"上行杠杆"的来源。此外，Tether 还在多个 Web3.0 基础设施项目上进行战略投资，如 Keet、Holepunch 协议、Hadron 资产代币化平台等，以期在项目之一成功商业化之时赢得长期的非金融性回报。

与传统加密企业如交易所（依赖手续费）或"矿企"（依赖币价）相比，Tether 的盈利模式具有多重优势。其收益与 USDT 的流通规模相关，受到市场波动的影响较小，即便在币价低迷的熊市，USDT 仍是加密交易和跨境资金流转的基本流通单位。Tether 无需持续开发复杂产品，其盈利来自对庞大储备的高效管理，无须高投入人力或研发成本。用户获得 USDT 无须支付使用费或存款利息，Tether 无须承担负债成本，是"零利率负债"模式。

与此同时，Tether 尚未向 USDT 持有者支付任何形式的利息，这意味着公司持有的全部资产收益均归公司所有，无须分润给用户或第三方。这种"垄断式资产增值权"极大增强了其盈利弹性，也形成了稳定币市场独有的高毛利生态。

因此，Tether 目前的盈利模式可总结为：基础收益稳健可预期（来自美债利差）＋市场行情带动超额利润（来自风险资产）＋投资布局驱动未来成长（Web3.0 基础设施）。这构成了独特而强韧的多元化收益体系。

稳定币巨头的战略转型与多元化进击

Tether 的 CFO 保罗·阿多诺（Paolo Ardoino）明确表示，未来公司的核心增长重心将不再依赖美国，而是转向拉丁美洲、亚洲、非洲等地区的新兴经济体。这些地区普遍面临本币贬值、高通胀、金融系统不健全等问题，迫切需要稳定币提供可及的跨境支付手段、储值工具和金融基础设施替代品。在这些经济体中，USDT 的功能已不仅仅是投机者的交易中介，更是普通民众对冲本币风险、实现资产配置美元化的"数字生命线"。Tether 正在试图把 USDT 从"加密原生资产"转化为民间美元化基础设施。在阿根廷和土耳其，USDT 已成为高通胀环境下居民和商户的非正式结算货币。在尼日利亚与肯尼亚，USDT 通过点对点交易网络，成为绕过本地资本管制的重要渠道。在越南、印度尼西亚等国家，Tether 正积极推进与本地交易所和支付服务提供商的合作，扩大流通范围。通过向这些对稳定币存在"刚需"的地区倾斜资源，Tether 试图建立一种"底层硬通货"角色的国际稳定币秩序。

当前的 USDT 基于 100% 的资产抵押率且不提供任何利息回报，这种"非收益型"模式虽然为其提供监管安全感，但时至今日却也逐渐成为其竞争劣势。摩根大通预计，收益型稳定币的市场份额未来有望从目前（2025 年 3 月）的 6% 水平提高到 50%。它们通过合规机制允许将储备资产的利息部分返还给用户，对 Tether 形成实质性威胁。Tether 对此并未选择直接跟进"派息型"产品，而是选择走一条更具主权、更多元的路径——打造"投资母舰型"生态体系，从而通过资产端扩张，实现用户黏性与业务价值的同步提升。

Tether 近年来在 Web3.0、通信、AI 等多个前沿领域频频出手，形成了从资产代币化到点对点网络再到 AI Agent 驱动系统的多维生态系统。它开发了资产代币化平台 Hadron，意图将现实世界资产（如债券、房地产、农产品等）映射为链上可编程资产，形成一个与 USDT 互补的基础设施。除了金融科技领域，Tether 也在传统实体经济与文化产业展开大手笔投资。如通过增持拉丁美洲农业巨头 Adecoagro 至 70%，Tether 扩展为"锚定实体经济产出"的金融平台。投资意大利媒体公司 Be Water 与收购尤文图斯俱乐部股份，则表明 Tether 正试图将"数字资产影响力"投射至文化传播与体育圈层，扩展其全球品牌认同。

目前，Tether 正处于"从产品驱动到战略驱动"的重大转型期。在稳定币业务进入强监管和强竞争时代之后，Tether 并未选择退守防线，而是主动出击，通过多元化投资与全球化拓展建立新的增长曲线。其战略主线已从"1∶1 锚定美元"扩展为"稳定币 + 多元资产 + 去中心化网络 + 全球新兴市场的数字基础设施运营商"。如果 USDT 是第一阶段的 Tether 标签，那么第二阶段的 Tether 将是一个以资本为引擎、以科技为支撑、以主权货币为野心的"数字金融帝国"雏形。

8.2 Circle 与 USDC：打造"可监管的链上美元"

创业起点：从支付平台到加密金融服务商

如第 2 章所说，就其稳定币部署而言，Circle 走出了一条与 Tether 截然不同的路径。2013 年，杰里米·阿莱尔（Jeremy Allaire）与肖恩·内维尔（Sean Neville）在美国波士顿联合创立 Circle Internet Financial，即书中多次提到的 Circle。创立初期，Circle 的愿景并非直指稳定币，而是打造一个去中心化时代的"美国版支付宝"——一个面向普通用户的加密货币钱包和支付工具。它致力于让用户能够轻松地存储、发送、接收比特币，并实现与法币之间的即时兑换，解决当时加密货币"上车难、支付难、合规难"的痛点。Circle 主打"友好界面 + 合规保障"的用户体验，其战略方向也代表了当时硅谷主流创业者对区块链潜力的"消费级想象"：比特币将成为新的电子现金，未来人人都需要一个"比特币钱包"。

在比特币尚为极客们的游戏之时，Circle就率先选择走合规路线。它从一开始就主动与监管对话，强调透明运营、法币结算与KYC机制的合规设计。2015年9月，Circle获得纽约州金融服务部颁发的BitLicense，成为第一批正式获得该牌照的数字货币公司之一。这一里程碑标志着Circle成为美国主流金融体系内"持证上岗"的加密支付企业。同年8月，Circle完成了由高盛和IDG资本联合领投的5000万美元C轮融资。值得注意的是，这是高盛首次投资加密金融初创企业，显示出其对区块链金融场景的开放态度。Circle由此获得"华尔街加持"的品牌背书，这也为其后续拓展更多金融服务打下坚实的信任基础。

与此同时，Circle也成为最早打入中国市场的美资加密企业之一。2016年，其D轮融资吸引了百度、光大集团、宜信、万向区块链、中金甲子等中国主流金融与科技资本的加持，融资金额达6000万美元。这一轮融资标志着Circle在全球市场，尤其是亚洲市场的影响力进一步扩张，也彰显出其战略上的"全球化合规金融科技"定位。

转型关键：从多元集团到专注稳定币

尽管在合规与支付方向上取得了一定先发优势，Circle的早期业务仍面临多重挑战：支付产品用户增长乏力，相比微信支付、支付宝等本地生态极强的对手，Circle难以形成场景闭环；加密货币的价格波动性问题，使得比特币难以作为稳定支付媒介；监管环境仍在摇摆，虽然纽约州颁出 BitLicense，但美国其他州对相关领域仍未有统一规范，加大合规成本。这些问题促使 Circle 逐步转型，从单一支付平台走向更具金融属性的业务模式。

2018 年 2 月，Circle 以约 4 亿美元的价格收购了当时在美国市场排名靠前的加密货币交易所 Poloniex，正式进军交易领域。这一并购由大股东 IDG 资本主导，被视为 Circle 向"加密金融集团"转型的重要信号。交易所业务让 Circle 不再仅仅作为支付工具或钱包，而是参与到了加密资产的核心基础设施之中。但这种转型未能如愿带来新一轮增长。由于美国证券交易委员会等监管机构日益加强对"代币是否构成证券"的审查，Poloniex 被迫多次下架潜在风险币种，用户流失严重，从巅峰时 60% 的美国市场份额迅速跌至 1% 左右。

同年，Circle 又先后推出了场外交易业务 CircleTrade、股权众筹平台 SeedInvest 等多个业务模块，试图构建一个涵盖支付、交易、投融资的一站式加密金融平台。但这些多元化业务线也带来资源分散、战略不清、监管挑战等问题。一方面，场外交易业务与交易所业务在合规成本上重叠，面对全球不同市场法律的不一致性，操作难度极大；另一方面，众筹平台与加密资产之间协同效应有限，未能形成良性循环。

真正改变 Circle 命运的，是 2018 年 7 月它与 Coinbase 联合发起 Centre Consortium 并推出 USDC 稳定币这一关键动作。USDC 设计之初就强调 100% 美元储备、月度审计、监管对接，与当时市场主流的 USDT 形成鲜明对比。它并不是 Tether 那种"功能先行、监管事后"的产品，而是从出生起就服务于金融合

208

规生态，成为全球第一个广泛受监管支持的稳定币之一。

Circle 很快发现，稳定币不仅满足了市场对"加密美元"的实际需求，还具备巨大的商业可扩展性。2020 年以后，随着 DeFi 爆发、加密支付场景丰富、监管日趋清晰，USDC 成为 Circle 最具增长潜力的资产。

2019—2020 年，被视为 Circle 的"转型窗口期"。面对监管趋严与多业务线持续亏损，Circle 开始"断臂求生"。2019 年 10 月，Poloniex 被出售给某投资集团。2020 年起，CircleTrade 与 SeedInvest 等业务陆续被剥离，公司全面回归到以稳定币为核心的战略主线上，将全部资源集中投入稳定币发行、跨链协议、储备金管理与合规推进。

这一轮战略收缩不是退却，而是聚焦。"专注 USDC"成为 Circle 最清晰的方向，它逐步建立起强大的监管关系、机构合作渠道与技术壁垒。公司还在全球范围内申请牌照许可、建设透明审计与技术基础设施，为未来进入传统金融系统打下坚实基础。

USDC 的制度优势与技术生态

USDC 被视为全球第一个完全按照美国本土金融法律框架运作的主流稳定币。自 2018 年推出以来，其制度设计始终以对接传统监管体系为基本前提，构建了一套稳定币与现实金融之间可验证、可审计、可合规的"桥梁机制"。

在牌照方面，Circle 先后获得美国金融犯罪执法网络注册、美国 50 州货币转移牌照、欧盟 MiCA 框架下的 EMI 许可（2024

年取得法国监管机构 AMF 核发），成为唯一同时符合美国和欧盟双重监管标准的稳定币发行商。在资金隔离与储备金全额托管方面，USDC 坚持 100% 现金及等值短期美债（HQLA）储备，资金存放于监管银行，如纽约梅隆银行与贝莱德管理的 USDC 储备基金（Circle Reserve Fund，一个受美国证券交易委员会监管的货币市场基金），确保储备资产的安全性、流动性和可赎性。此外，USDC 每月由德勤对储备资产进行独立审计，并定期披露资产构成与风险敞口，均显著高于行业平均标准。Circle 长期与美国财政部、美国证券交易委员会、美国商品期货交易委员会、国际清算银行等多家监管机构保持密切沟通，USDC 也被视为数字美元政策研究中的"现实实验平台"。这种制度优势使 USDC 成为众多主权国家与跨国金融机构的首选合作对象，也意味着一旦美国相关稳定币法案（如《GENIUS 法案》）落地，USDC 将获得"先合规、再发币"赛道中的制度红利，显著领先于注册在海外属地、储备不透明的 USDT 等产品。

除了合规性，Circle 在技术层面也构建了以 USDC 为中心的开放式金融网络，被称为"Circle 稳定币网络"（CSN）。CCTP 跨链协议（Cross-Chain Transfer Protocol）是 Circle 自主研发的原生跨链桥，允许用户在多个区块链之间"销毁 + 铸造"USDC，直接跨链而无须依赖第三方桥接器或中介。该协议解决了传统"桥接 USDC"的安全与信任问题，提升了 USDC 的可移植性与安全性。截至 2025 年，CCTP 已支持以太坊、Arbitrum、Optimism、Avalanche、Base、Solana 等主流链，并成为 DeFi 协议、钱包与支付应用中集成 USDC 的基础模块。为降低开发者门槛，Circle

推出了"Gas Station"工具包，为用户代付跨链交易中的 Gas费；同时，推出了"Programmable Wallets"，允许开发者批量创建和控制链上钱包，用于 Web3.0 应用中的支付、身份与资产管理。这一系列开发者工具显著提升了 USDC 的 B2B 营收能力，使其不仅是一种"数字美元"，更是一个"链上金融操作系统"。CPN（Circle Payments Network）是 Circle 正在建设的以 USDC和 EURC 为结算单位的全球实时支付网络，旨在连接银行、支付机构与 Web3.0 应用，实现"法币—稳定币"的出入金闭环。该网络已与多家银行展开合作，拓展了 USDC 在跨境结算、工资发放、B2B 支付等场景的实际应用能力。

USDC 的成功还源于其对传统金融与新兴金融的"双向渗透"策略。在传统金融方面，Circle 与贝莱德、Visa、万事达、Stripe、Shopify、PayPal 等建立了深度合作关系。贝莱德负责 USDC 储备基金管理；Visa 已将 USDC 纳入其支付网络，支持链上结算；Stripe 与 Circle 合作推出支持 USDC 结算的全球商户方案；美国财政部与国际清算银行也在数字美元测试中采用 USDC模拟结算流程。在 Web3.0 与 DeFi 方面，USDC 几乎是所有主流链上的流动性核心之一：是 Aave、Compound、Uniswap 等头部协议的主要抵押资产与交易对；在 Arbitrum、Optimism、Solana等 Layer 2 网络和高速链上实现原生部署；与 Coinbase、币安、Ledger、Phantom 等钱包和交易所深度集成。此外，USDC 还广泛用于链上众筹、现实世界资产代币化、企业付款、开发者激励等创新应用，逐步走向"功能货币"角色。

标准化的"利差+技术服务"盈利模式

USDC 作为 Circle 的核心产品,其盈利模式紧密围绕稳定币的储备资产的利息收入展开,并正逐步拓展至开发者服务、跨链技术授权、现实世界资产发行等多元方向,以构建具备长期可持续性的数字金融平台。

当前阶段,Circle 的核心盈利来源仍是储备资产的无成本利息(2023 年和 2024 年占比达 95%—99%)。用户以美元兑换 USDC,Circle 获得储备资产。由于 USDC 不承诺对用户支付利息,因此这些储备资产的"成本近乎为零",Circle 可将储备资产投资于短期美债和回购协议,赚取稳定收益。截至 2025 年 5 月,USDC 总流通量约为 610 亿美元,Circler 的储备资产中约 90% 投向由贝莱德管理的 USDC 储备基金,主要配置短久期美债与回购协议,平均年化收益率在 4.5%—5% 区间浮动。

USDC 并非 Circle 单独运营的产品,其与 Coinbase 在 USDC 的流通、推广与营收上具有深度绑定关系。根据 Circle 向美国证券交易委员会提交的 S-1 文件,Coinbase 平台内的 USDC 储备资产收益由 Coinbase 获得 100%,Circle 平台内的 USDC 储备资产收益由 Circle 获得 100%,第三方平台的 USDC 储备资产收益由两家公司各得 50%。截至 2025 年第一季度,Coinbase 相关平台持有的 USDC 已占整体供应量的 23%,且增长迅速。通过这样的分润模式,Circle 实现了"技术发行+流量合作+利润共享"的商业协同,有效避免了与头部交易所的流量冲突,并将 USDC 推向更广泛的用户群体。

虽然储备资产的利息收入构成了 Circle 当前的盈利核心，但其也深知此种模式的周期依赖性与增长天花板。因此，Circle 正在推进全面平台化转型，围绕"USDC 即服务"（USDC-as-a-Service）展开多条营收通道。

2023 年 8 月，Circle 推出开发者服务平台（Developer Services），该平台的服务包括可编程钱包、CCTP 跨链协议接入、Gas Station 代付系统、身份与合规管理工具等。这些服务大部分以 SaaS 模式收费（例如 API 调用、用户量分级、数据授权等），为 Circle 构建稳定的 B2B 订阅收入来源。

2025 年，Circle 收购了现实世界资产平台 Hashnote，并正式推出 USYC（USDC-backed Yield Certificate）产品，通过将美债、回购协议等现实世界资产代币化，为机构与个人用户提供链上可组合的收益工具。

通过构建 CPN，以及与 Visa、Stripe 合作，Circle 开始向电商、跨境服务、金融机构提供低成本链上支付工具。预计未来 CPN 将通过收取每笔交易处理费、通道技术服务费与出入金费实现 B2B 盈利。

Circle 当前的盈利模式是稳定币行业中最标准化、最清晰的"利差＋技术服务"模型。其核心是将"无息负债＋有息资产"的机制规模化，并在此基础上构建以 USDC 为锚的全球金融基础设施网络。通过向开发者、机构和监管者持续开放接口、资产和平台，Circle 正朝着一个"可监管、可组合、可持续"的数字金融平台稳步迈进。

8.3 特朗普家族与USD1：政治权力和数字货币的勾连

从反对者到发行人："加密总统"的转向

美国总统特朗普对加密货币的态度完成了一次前所未有的政治与商业双重逆转，堪称美国数字金融史上的重要事件：2019年，他在社交平台上痛斥比特币"源自空气""助长犯罪活动"；2025年3月，他亲自主导发行美元稳定币USD1。这折射出加密货币在美国金融、技术、政治三重维度的制度重构。

在特朗普的第一个总统任期内（2016—2020年），美国政府对加密资产持强监管倾向，曾多次批评比特币、以太币等数字货币破坏美元主权、助长洗钱和恐怖主义融资，支持美国财政部、美国证券交易委员会等监管机构对行业开展高压监管。2021年，特朗普在卸任后接受采访时，仍将比特币斥为"骗局"。这一时期的特朗普，代表的是华盛顿建制派对新兴金融技术的保守立场。

转折出现在2022—2023年。随着NFT市场的爆发，特朗普通过CIC Digital推出了个人数字藏品系列，在短时间内创收近千万美元，并迅速吸引以太坊社区的关注。这一商业成功不仅改变了他对数字资产的经济评估，也使他意识到加密货币可能在政治筹款和舆论动员中发挥关键作用。随后的资产披露显示，特朗普本人已持有大量以太币和包裹以太币（Wrapped ETH，wETH），间接成为该领域的利益相关者。

到了 2024 年总统竞选期间，特朗普彻底完成了从抵制者到支持者的身份转换。他不仅首次接受加密货币捐款，还公开宣称将"结束拜登政府对比特币的战争"，并承诺要把美国打造成"全球加密货币之都"。比特币、以太币、狗狗币、Solana 等主流币种的捐款通道迅速打开，吸引了大批 Web3.0 投资者的支持。更重要的是，众多加密货币行业巨头也纷纷押注特朗普，贡献高额捐款。

2024 年 11 月胜选后，特朗普立即兑现承诺，于次年 1 月签署了一系列行政命令，推进数字资产监管改革。特朗普任命多位加密货币支持者担任关键职务，如任命 PayPal 前 COO 戴维·萨克斯（David O. Sacks）为人工智能和加密货币事务主管，任命保罗·阿特金斯（Paul Atkins）为美国证券交易委员会主席。这些任命推动了监管宽松，例如撤销对 Coinbase 和币安的诉讼。他还特赦了暗网"丝路"（Silk Road）创始人罗斯·乌布利希（Ross Ulbricht），此举虽引发争议但进一步迎合了加密社区。

WLFI 公司成立，紧密绑定"美元数字化"

第 2 章中曾提到，WLFI 公司由特朗普家族与房地产大亨史蒂夫·维特科夫及其儿子扎克·维特科夫共同创立正式宣布成立，旨在于 DeFi 领域提供无需传统银行中介的金融服务。它是一个由特朗普家族直接主导的加密金融平台，具有强烈的家族企业色彩与政治经济混合属性。其诞生标志着特朗普家族从传统房地产、娱乐与媒体帝国，正式进军高科技金融领域，意在塑造一个与"美元数字化"紧密绑定的家族品牌和国家级金融工具。

2025 年 3 月 25 日，WLFI 宣布推出美元挂钩稳定币 USD1，旨在提供"安全、透明的数字资产"，由美国国债、美元存款和其他现金等价物 100% 背书，价值固定为 1 美元。USD1 的储备资产由美国加州加密货币托管公司 BitGo 负责保管。该稳定币定位于机构投资者和主权基金，支持跨境支付、DeFi 应用和稳定交易对。特朗普及其团队将 USD1 已经包装为"平民的美元""对抗美联储过度权力的货币工具""自由主义者的避风港"。

不过，特朗普同时作为监管者和被监管者的角色，以及其家族通过加密业务获利的行为，引发了伦理和法律争议。WLFI 和 USD1 被指"史无前例地模糊了私营企业与政府政策的界限"。WLFI 成立之初，特朗普家族通过 WLF Holdco LLC 持有 WLFI 60% 的股份，并享有 75% 的代币销售收入和公司运营收入。2025 年 6 月，特朗普家族减持 WLFI 20% 的股份，背后考量可能为降低争议或调整战略。

USD1 的长期空间

USD1 在以太坊和币安智能链上发行，未来计划扩展至其他区块链，如 TRON。其储备资产由 BitGo 托管，定期接受第三方会计师事务所审计，但具体审计机构和 USD1 正式上线日期未公开。智能合约管理发行和赎回，支持低成本交易和机构整合，可通过 MetaMask、Ledger 等钱包存储。

USD1 推出后迅速获得关注。2025 年 5 月 1 日，WLFI 联合创始人扎克·维特科夫宣布，阿布扎比 MGX 基金使用 USD1 完成对币安的 20 亿美元投资，这一交易显著提升了 USD1 的知名度和市场采用率，推动其市值在 4 月底激增 1540%，从 1.28 亿美元增至 21 亿美元，成为全球第七大稳定币。此后，HTX（原火币）和币安先后上线 USD1/USDT 交易对。

特朗普政府推动的宽松监管环境（如《GENIUS 法案》和撤销对加密企业的诉讼）为 USD1 提供了独特优势。特朗普将比特币和以太坊纳入战略储备资产的政策可能间接提升 USD1 的信任度。特朗普家族的品牌效应也吸引了机构投资者（如阿布扎比 MGX 基金的 20 亿美元投资）和部分零售用户，尤其在美国及与美国关系密切的地区。与 Ondo Finance、Chainlink 和 Aave 的合作表明 USD1 正在构建 DeFi 生态，未来可能推出借贷市场和代币化资产产品，增加使用场景。零费用铸造与赎回机制降低了交易成本，对机构和高频交易者具有吸引力。

尽管如此，USD1 仍面临不小的挑战。首先，稳定币市场的竞争异常激烈。Tether 的 USDT 和 Circle 的 USDC 已占据主导地位，市场份额遥遥领先。相比之下，USD1 作为一个新玩家，很难迅速建立市场信任和生态系统。其次，USD1 缺乏机构合作伙伴和促销激励，限制了其在中心化交易所的广泛采用，主要依赖于单一区块链生态（如币安智能链，占其供应量 99%）。最后，USD1 与特朗普家族的高度关联使其易受政治波动影响，若特朗普政府政策转向或公众对其信任下降，USD1 可能面临市场信心危机。

目前 USD1 的市场占比约为 1%。假设 USD1 通过更多交易所上市（如 Coinbase、Kraken）和支付平台整合（如 Visa 或 PayPal 模式）提升采用率，其市场份额有望稍微上升。更乐观的情况下，USD1 若与全球支付巨头合作，扩展至更多区块链，推出高收益 DeFi 产品，储备审计透明度显著提升，且受益于特朗普政府的强力政策推动（如强制联邦机构接受 USD1）和全球美元资产需求，则有机会成为稳定币市场第三大玩家，占据更大的市场份额。

第 9 章　稳定币市场的蓝海

9.1　金融新基建跃迁：稳定币市场现状

稳定币已成为加密资产体系中最为关键的基础设施之一，近年来实现了快速发展，在总量规模、币种格局、锚定货币、链上分布及交易活跃度等方面呈现出以下五大特征。

迈入高速扩张期

过去几年，稳定币市场经历了从边缘支付工具到全球数字资产核心基础设施的历史性跃升。截至 2025 年 6 月，全球稳定币总供应量首次站上 2500 亿美元的关键台阶，标志着这一市场正式迈入制度化增长与机构化竞争的新阶段。

从长期趋势看，稳定币市场在 2019 年初仅有约 4.19 亿美元的链上供应量，至今增长超过 600 倍。2021—2022 年间，虽然整体加密货币市场遭遇深度调整，但稳定币的使用需求未见衰减，反而因其在避险、结算、套利、跨境支付等场景中的作用而日益强化，稳定币展现出较强的周期对冲能力。

进入 2024 年以来，稳定币增速再度提速。一方面，DeFi、现实世界资产、AI 算力租赁等链上生态不断涌现，对稳定币作为链上支付与抵押资产的需求同步提升；另一方面，美国稳定币监管立法（如《GENIUS 法案》《STABLE 法案》）的推进，也使稳定币这一新型货币工具逐步摆脱"监管灰区"的桎梏，获得政策与机构层面的合法性背书。

币种双寡头格局形成

尽管全球已诞生超过 250 种稳定币产品，涵盖法币锚定型、加密资产抵押型、算法调控型等多种机制，但目前市场格局仍呈现出高度集中的"双寡头结构"——Tether 的 USDT 与 Circle 和 Coinbase 联合发布的 USDC 这两大中心化美元稳定币合计占据市场供应量的近 87%。这两种稳定币在链上支付、跨境清算、去中心化金融等核心场景中形成主导性统治。

截至 2025 年 5 月底，USDT 的市值超过 1500 亿美元，占稳定币总市值的 60% 左右，稳居全球第一，其背靠 Tether 在亚洲、拉丁美洲、中东等区域积累的渠道网络，迎合当地市场的使用习惯，仍具极强的扩张力。USDC 则以约 600 亿美元的市值排名第二，占比约 24%；得益于其合规透明的储备机制，USDC 成为美欧等发达市场金融机构与合规平台的首选稳定币。

除双寡头外，其余稳定币市值普遍处于边缘状态。排名第三的 USDe（Ethena Labs 发行的收益型算法稳定币）的市值不足 50

亿美元；即便如此，USDe 自推出以来增长迅猛，反映出市场对"生息型稳定币"的偏好在快速上升。紧随其后的 USDs、DAI 等链上抵押类稳定币，主要活跃于 DeFi 场景。

值得关注的是，以 USDT 与 USDC 为代表的"链下托管型"稳定币目前仍占据绝对主流地位，合计供应量超过 2100 亿美元，牢牢掌握美元链上化的清算权与话语权。而由智能合约自动调控发行与赎回的"链上原生型"稳定币虽然技术创新丰富，但因信用背书、风险管理与扩张能力受限，短期内尚难以撼动中心化稳定币的统治地位。

与此同时，收益型稳定币正在成为新兴力量，如 USDe 与 USDY 等产品试图通过将链下收益映射到稳定币机制内，从而实现"稳定币＋收益"双重属性，为投资者提供更具吸引力的资产配置选择。这一新趋势可能在未来重塑稳定币市场格局，引发新一轮产品设计和机制创新的竞赛。

总的来看，当前稳定币市场仍处于"一超（USDT）、一强（USDC）、百花齐放"的格局，其中中心化美元稳定币的主导地位短期难以撼动，但链上原生稳定币与收益型稳定币的崛起，正推动整个行业从"规模积累"走向"机制多元"与"生态融合"的新阶段。

锚定资产高度集中于美元

当前全球稳定币市场在锚定资产选择上呈现出高度集中化趋势，美元无疑是绝对的核心锚定标的。截至 2025 年 5 月底，超过 99.3% 的稳定币市值与流通量都锚定于美元，形成"单一锚定币种霸权"的格局。相比之下，锚定其他法定货币、黄金甚至大宗商品的稳定币，其整体市值和流通规模微乎其微，难以构成实质性挑战。

无论是链下托管型（如 USDT、USDC），还是链上抵押型（如 DAI、USDS），抑或算法型（如 USDe），其价值锚定几乎都无一例外地选择了 1:1 挂钩美元。美元作为全球结算与储备货币的基础性地位，依旧难以撼动。在国际贸易、跨境汇款、DeFi 等应用中，用户更倾向于选择以美元计价的数字资产进行价值交换与清算。美元稳定币已成为"链上美元"的最直接形态，是Web3.0 世界与传统美元系统之间的关键桥梁。

尽管市面上已出现一些锚定其他法币的稳定币产品，如EURC（锚定欧元）、GYEN（锚定日元）、IDRT（锚定印尼盾）、XSGD（锚定新加坡元）、CNHC（锚定人民币离岸汇率）等，但这些非美元稳定币多数流动性差、使用场景有限，市值和交易量长期徘徊在百万到千万美元级别，远无法与 USDT、USDC 形成可比。它们也多局限于本地市场、小范围试验或特定监管沙盒环境中，缺乏跨链流通能力和用户基础，难以真正进入国际主流加密金融网络。

除法币稳定币外，部分项目尝试推出锚定实物资产的稳定币，如 PAXG（锚定伦敦金，发行方为 Paxos）、XAUT（Tether旗下的黄金稳定币）等。但是这类资产往往用于投资避险或资产保值目的，而非交易和清算，因此在交易活跃度、生态嵌入度上远不及美元稳定币。目前黄金稳定币的总市值尚未超过 10 亿美元，占比不到稳定币市场的 0.5%。此外，也有部分锚定石油、碳信用、房地产等商品的稳定币被尝试推出，但大多数处于早期阶段，尚未突破"试验—应用"之间的瓶颈。

总体来看，稳定币锚定资产结构高度倾斜于美元，是由美元本位国际金融体系、加密资产美元计价惯性，以及稳定币自身流动性需求共同塑造的结果。这种结构既巩固了美元的链上霸权，也使得全球稳定币市场在制度安排上高度依赖美国金融监管进程和政策导向，带来监管外溢、货币主权挑战等一系列新议题。未来，若欧洲央行、东盟、香港金融管理局等推动本币稳定币发展，并配套跨境支付网络的数字化建设，可能逐步形成"多锚定货币格局"的萌芽，但短期内美元稳定币一家独大的格局或仍将持续存在。

主流公链分享市场

稳定币的应用广泛依托于公链基础设施的发展。截至 2025 年上半年，稳定币的发行与流通仍高度集中在以太坊和 TRON 两大主流公链上，合计超过全球稳定币发行量的 80%。与此同时，新兴公链 Solana（SOL）、Base、Berachain 等正快速增长，成为稳定币市场格局的新变量。

以太坊作为智能合约的发源地，凭借其庞大的开发者生态和安全性，长期是稳定币最主要的发行平台。截至 2025 年 5 月，以太坊链上的稳定币总市值超过 1200 亿美元，约占全球稳定币市场的一半。USDT 和 USDC 的主网部署即源自以太坊，DAI 等去中心化稳定币也主要运行于此。

TRON 则以低手续费和高交易吞吐量受到交易所、支付平台和亚洲地区用户的欢迎，尤其是 USDT 的发行主要集中在 TRON。截至 2025 年 5 月，TRON 链上的稳定币市值接近 800 亿美元，占比约 30%。Tether 在 TRON 上的流通量甚至超过以太坊，形成了以 USDT 为核心的 TRON 稳定币交易网络。

以太坊和 TRON 的稳定币发行规模合计超过 2000 亿美元，占全球稳定币总量的 80% 以上，是当前全球稳定币活动最活跃的"主场"。

不过，2024 年间，Solana 链上的稳定币发行总量增长超过 584%，截至 2025 年 5 月底，其链上稳定币流通总量已达到约 125 亿美元，跃居第三大稳定币发行公链。这一爆发式增长主要得益于其低手续费、高吞吐以及交易实时性强等技术优势，吸引了如 USDe、UXD 等新型稳定币项目部署。同时，Solana 在链上结算、现实世界资产代币化等场景的拓展，也为稳定币构建了丰富应用。例如，新一代收益型稳定币 USDe 在 Solana 上构建可组合金融协议，仅半年内锁仓规模就突破 50 亿美元，带动 Solana 链上总锁仓量迅速上升，显著提升其链上稳定币应用密度。

除了前三大主链，一些新兴或垂直型公链也正在稳定币市场中占据一席之地。Coinbase 推出的 Base 自 2024 年以来增长显著，稳定币发行量已突破 40 亿美元，成为以中心化交易所为背景的稳定币生态新高地。Berachain 以模块化 DeFi 为卖点，吸引了一批稳定币和现实世界资产项目入驻，新增稳定币发行量达十亿美元级。TON（Telegram Open Network）依托 Telegram 广泛的社交用户基础，开始逐步嵌入支付类稳定币，表现出潜在增量空间。这些新兴公链尽管总量仍小，但具备强用户入口、特色场景或合规通道优势，可能在稳定币"应用多元化"和"支付场景下沉"的趋势中，扮演越来越重要的角色。

不同公链的技术性能、合约兼容性、手续费模型，正深刻影响稳定币的发行与分布格局。以太坊重在安全性和资产沉淀，TRON 偏重交易效率和支付，Solana 聚焦实时结算和低延迟交易，新链则各有差异化优势。稳定币的流通链分布不仅是技术选择，更是应用生态、开发者活跃度、主网费用与性能的综合博弈结果。随着链上金融的不断成熟，稳定币也正从"发行在哪条链上"，走向"在哪条链上被最频繁使用"，这一迁移趋势值得长期关注。

交易活跃度、链上结算能力持续提升

稳定币之所以被视为加密世界的"数字美元"，核心就在于它已从一种资产工具，演变为区块链生态系统中的主要价值载体和交易媒介。无论是中心化交易所的资金通道，还是 DeFi 的流动性核心，稳定币的交易活跃度、持有广度以及链上结算能力都在持续提升。

根据 Visa 公布的行业研究，2023 年全年稳定币链上结算总额达到 3.7 万亿美元，2024 年全年已经突破 5.6 万亿美元，约为美国全年零售销售总额的四分之一。目前稳定币占区块链交易的比例从 2020 年的 3% 上升到 2025 年初的 50% 以上。这一数字不仅远超大多数传统支付网络的增长速度，也显示出稳定币作为全球结算工具的实用性和渗透力。稳定币交易量已占公共区块链全部交易结算量的 50%—70%，在牛熊周期交替的市场背景下依然呈现出高度韧性。

从交易量上看，来自 Visa 的数据显示 USDT 长期位居稳定币日交易量榜首，2025 年 5 月的成交量已经超过 4700 亿美元，同期 USDC 的成交量也超过了 2600 亿美元。从地址数看，小额用户持续扩散。以 USDT 为例，持币地址数已经从 2020 年底的 247 万，增长至 2025 年 5 月的 3496 万个，增长超过 13 倍。同样，USDC 的持币地址数也从 2020 年底的 47.6 万个增长至 2025 年 5 月底的 1117 万个，增长超过 22 倍。在地址余额结构上，USDC 在中大额地址中占优，表明其受到机构投资者和合规用户更大偏好；而 USDT 在全球零售用户中的接受度更高，小额活跃地址多，被广泛应用于中心化交易所充值、P2P 支付和链下支付整合。

交易量、地址数的持续增长背后，是稳定币在中心化交易所、DeFi、支付、跨境结算等多场景中的实用性体现。稳定币已不再是"链上的美元替代品"而已，而是区块链价值传递、交易结算、资金通道的核心。未来，随着链上金融基础设施更加完善，稳定币预计将进一步巩固"交易主币"地位，并成为推动全球金融数字化的重要基石。

9.2 谁主沉浮：多元格局下的共存博弈

尽管稳定币市场的竞争日趋激烈，并伴随着网络效应、品牌优势与技术迭代等因素，但它的终极格局很可能并非"一币独大"，而是多种稳定币并存、相互替代、共同演化。

首先，从产品属性来看，稳定币的最大"统一性"——锚定美元、欧元等法币的功能定位——天然抹平了其差异化竞争优势。当所有稳定币都声称 1:1 锚定同一种货币，并在监管标准趋于统一的前提下实现等额安全保障，用户最终更关注的将不是某个稳定币的品牌，而是其背后基础设施的可用性与流动性。这一机制与用户对传统银行存款的认知无异：绝大多数人并不关心他们的 1 美元存在哪家银行，而只在乎能否随时用它付款或转账。

这一点在当下尤为重要——稳定币的广泛采用最终将推动其从"资产"变为"协议"，即一种通用的金融连接层，其价值不再体现在代币本身，而在于其所连接的资产池、结算网络与使用场景。这意味着单一稳定币即使在早期赢得市场，也难以长期垄断整个生态。

其次，在现实操作中，稳定币的竞争往往被"入口控制"所主导。例如，Circle 依赖贝莱德与纽约梅隆银行等大型金融机构托管 USDC 的储备资产，但后者已开始开发自己的代币化解决方案（贝莱德的 BUIDL 基金）。这意味着 USDC 未来面临不仅是其他加密项目的挑战，更是来自其自身合作伙伴的"上下游反噬"。一旦这些传统金融机构掌握了底层链上发行、流动性管理和支付接入，稳定币发行方就可能沦为可替代的中间服务商。

与此同时，银行自身也不会坐视稳定币对其支付和存款业务的蚕食。相比推动某个稳定币的胜出，它们更愿意构建一个"可替代、可互通"的稳定币多元格局，并通过自身发行的存款代币

（deposit token）或基金型稳定币，嵌入现有的支付网络与清算系统。Visa、万事达、Stripe、Adyen 等机构早已在构建这种新型支付生态，确保其客户在任何稳定币之间切换时的顺畅体验——这一切都绕开了"赢家通吃"的路径依赖。

技术发展也将强化这种多样性。随着 LayerZero、CCIP 等跨链互操作协议的成熟，不同发行方、不同链上的稳定币之间将具备即时兑换能力。这使得用户在实际支付或资产转移时，根本不需要知道自己使用的是哪种稳定币，只要其等价性、可用性与合规性得到保障即可。这种"协议抽象层"的建立，进一步稀释了品牌黏性和平台锁定效应。

在市场层面，区域性的支付系统、合规要求、消费者偏好也决定了稳定币将形成"多中心、多层次"的地缘格局。美国主导的 USDC、USDT，可能在全球流动性市场中继续保持主导，但在亚洲、拉丁美洲、非洲等地区，RegTech 合规且本地化的稳定币、新兴银行发行的数字资产，甚至央行数字货币也会成为稳定币功能的竞争者与替代者。Revolut、Monzo、Nubank 等拥有牌照的科技公司，将利用其用户基础与监管通道，发展本地化的稳定币入口。

最终，稳定币的可持续竞争优势将不来自"币本身"，而来自其所接入的生态——储备资产管理的效率、支付网络的广度、与传统金融机构的合作深度，乃至 DeFi 系统的集成程度。在这种环境下，纯粹依赖发行代币的商业模式将愈加脆弱，而那些拥有完整金融基础设施能力或在多个链上运行、支持收益分配与场景落地的稳定币才具备长期生存优势。

因此，未来的稳定币市场或许不会有一个"USDC 版的
Visa"或"USDT 版的 PayPal"，而更像是一个以开放标准运作、
由多方共建共享的金融网络——其规则、入口与资产层，将由市
场、监管与技术共同塑造。

9.3　预见数字货币生态的未来

稳定币与央行数字货币"双轨"并行

在全球货币数字化进程中，稳定币与央行数字货币正构建出
两条互有交集、竞合并存的发展路径。一方面，二者本质属性不
同，代表了公共部门与私营机构在数字金融领域的不同愿景；另
一方面，在技术架构、生态连接和政策目标上，二者亦有广泛的
合作可能。

从发行逻辑来看，央行数字货币是主权信用的延伸，具备
"无限法偿"的法律地位，其功能是现钞的数字化替代，是央行
债务的电子镜像。而稳定币则是私人信用的衍生产品，通常以商
业银行存款或国债等资产为储备，通过算法或全额质押实现对法
币的锚定。前者由国家自上而下推进，强调安全与控制；后者多
由市场自下而上发起，注重效率与创新。

在支付机制上，央行数字货币通常采用中心化清算结构，需
要央行或指定机构确认交易；而稳定币则更贴近区块链精神，支
持点对点的直接转账和去中心化结算，具有更强的灵活性和开放

性。这也解释了为什么在零售支付、跨境转账等高频、低门槛场景中，稳定币往往率先落地，并积累了广泛用户基础。

尽管存在潜在竞争，但两者在技术标准、金融稳定、系统互联等方面具有天然的合作空间。许多国家央行明确表示，央行数字货币的设计并非意在替代私人支付系统，而是通过构建"双层结构"实现功能分工：中央银行负责核心清算与金融调控，私营机构则承担钱包运营、用户接入和零售场景拓展。例如，sCBDC（合成型央行数字货币）模式即代表性路径，其中稳定币由私营机构发行，但100%锚定央行货币，并由央行清算系统提供底层支持，兼顾了灵活性与稳定性。

另一方面，稳定币系统也需央行"补位"。由于多数稳定币通过抵押银行存款间接锚定央行货币，一旦发生系统性挤兑，其脆弱性将显现。因此，将稳定币纳入类似银行监管体系，不仅有助于增强市场信心，也能为跨链清算与链间互操作提供官方支持。未来，若稳定币储备资产可直接托管在央行，或允许稳定币参与央行数字货币系统中的批发清算，将显著提高其合规性与系统集成能力。

不同国家的推进节奏也呈现出多样化差异。中国央行数字货币体系（e-CNY）强调国家主导与封闭安全，通过独立研发自建的系统强化对货币主权的控制；而美国的稳定币路径则更注重市场机制与技术共识，强调在监管框架下激励金融机构与科技平台创新推进"链上美元"。

中长期看，稳定币与央行数字货币将构成"并轨不融合、协同不替代"的新金融格局。稳定币凭借其灵活部署、跨境流通与

DeFi 整合能力，在国际支付、金融科技与新兴市场中扮演先锋角色；而央行数字货币则提供公共底座、信任锚点与风险托底功能，为整个数字货币体系提供制度保障与系统支撑。这不仅有利于避免金融脱媒风险，也将推动央行与市场形成更加良性的数字金融分工机制。

因此，未来的数字货币生态，很可能不是"稳定币与央行数字货币"的零和博弈，而是双轨并行、角色互补的"货币协同系统"：一端是主权信用的数字延伸，另一端是私营技术的市场拓展，共同推动全球支付系统迈向高效率、强互操作性的新秩序。

超越支付：稳定币市场天地广阔

稳定币之所以具有对传统货币体系产生变革的潜力，在于它不仅是"链上支付工具"，更是多功能数字货币单元：它具备了传统法币的核心职能——价值存储、交换媒介与计价单位。同时，它又天然具备区块链技术所赋予的优势：可编程性、全球互通性、低交易摩擦、高透明度与强可追溯性。特别是在交易速度、跨境转移效率、清算成本等方面，其相较于 Visa、SWIFT 等传统金融基础设施表现出更高效、更低成本的优势。这些特性使其逐步从"加密资产体系中的工具币"演变为"全球数字经济系统的底层货币层"。

目前，稳定币应用仍主要集中于加密资产交易和跨境支付场景，但这一局限正在被迅速打破。多方面的因素预示着稳定币将大幅扩容。第一，海外对美元现金的需求正被稳定币替代，尤其是在高通胀经济体和新兴经济体，稳定币更便于保值和转移。第二，家庭与企业正经历短期流动性的重构，将更多流动资金配置于链上稳定币。第三，点对点支付、B2B 结算、供应链金融等领域日益数字化，稳定币将成为新兴清算媒介。第四，DeFi、Token 化资产（如"链上国债"）、链上金融基础设施的扩展，将需要更加合规和流动的稳定币作为交易媒介。第五，关键国家的监管体系落地、智能合约与跨链互操作的成熟，将推动全球范围内稳定币的大规模采用。

未来，稳定币预计将全面渗透零售消费（如电商、出行、游戏）、企业支付（如结算、工资发放、应付账款）、银行体系（作为存款、结算、融资工具）、全球清算网络（如 SWIFT 的数字资产对接）、货币政策新工具（如美联储、香港金融管理局对"稳定币版央行数字货币"的关注）等。更重要的是，这一增长还可能只是开始。未来随着美元利息型稳定币的爆发式增长、"链上国债"及现实世界资产交易的规模化，以及主权央行与商业银行对稳定币接受度的提升，稳定币可能迎来从"交易量超越 Visa"到"资产体量比肩法币"的全新跃迁阶段。

当前全球 M2 货币总量已突破 90 万亿美元，涵盖现金、活期存款和定期存款等广义流动性资产。而截至 2025 年年中，稳定币的总市值约为 2500 亿美元，仅占全球 M2 的 0.3% 不到。这一微小占比意味着，稳定币的当前发展仍处于极早期阶段，但也预示着其存在着极为广阔的上升空间。

花旗银行在 2025 年 4 月的报告中进一步指出，若以监管逐步落地、技术基础设施完善、金融机构全面接入等作为前提条

件，到 2030 年，稳定币的流通规模有望达到 1.6 万亿至 3.7 万亿
美元，约为此时数据的 6 至 15 倍。其中，在乐观情境下，其市
值甚至可能接近全球 M1 供应量的 10%，成为重要的全球流通货
币形态之一。

第 10 章 "数字布雷顿体系": 稳定币重构全球金融秩序

10.1 传统金融体系: 旧秩序的裂隙

美元霸权的确立与延续

全球货币体系的主导权,并非一成不变,而是随着地缘政治格局与经济实力的变迁不断更替。从 15 世纪的葡萄牙金本位、16 世纪的西班牙银币,到 18 世纪的法国里弗尔和 19 世纪的英镑,再到 20 世纪后半叶确立主导地位的美元,每一种"世界货币"的崛起与衰落,背后都隐含着国家实力、军事影响力、贸易网络与制度输出的交织。美元的霸权并非一蹴而就,而是在二战后的全球重构中逐步建立的。1944 年布雷顿森林体系的确立,使美元与黄金挂钩,其他主要货币再与美元挂钩,美元的中心货币地位由此建立。彼时的美国,不仅是战后唯一未被战火破坏的大国,而且其工业产值占全球 50%,掌握了黄金储备的三分之二,其货币具备了"全球通用券"的基础。

这一制度性优势在 1947 年"马歇尔计划"中被迅速放大。

美国向西欧援助超过 130 亿美元，其中约 90% 为赠款，这些援助主要以美元支付，使得美元在欧洲广泛流通。更重要的是，援助资金不仅被用于购买美国产品，还推动了美国金融机构与欧洲的结算联系，美元成为区域重建的"信用锚"，从而快速完成了从"美国货币"到"世界货币"的角色转变。

虽布雷顿森林体系于 1971 年因"黄金窗口"关闭而终结，但美元的霸权并未因此瓦解。相反，在"金本位"终结后，美国通过与沙特阿拉伯等产油国达成"石油美元"协议，实现了货币霸权的制度替代——即全球石油必须以美元计价和交易，而沙特阿拉伯等国所获得的美元则必须回流购买美国国债等资产。这一机制形成了美元的"货币回流闭环"，使美国在全球贸易、能源、金融三大体系中继续占据主导。

与此同时，美国还搭建了以美债市场为核心的"美元资产池"——全球资金若想寻求安全性与流动性，几乎不可避免地选择美元资产。这使得美国长期享有低成本融资的优势，即使债务规模巨大，美国国债依然被全球投资者追捧，压低了利率。此外，全球对美元的需求，使美国可以通过"印钞"获得实际商品与服务，收取了巨额的铸币税。截至 2024 年底，美元仍占全球外汇储备的 57.8%，远超欧元、日元等其他货币。

美债危机：霸权根基的金融裂缝

尽管美元作为全球主要储备和结算货币的地位仍旧稳固，但近年来其"金融武器化"倾向已引发国际社会的广泛担忧和实质性反制。美国长期以来利用美元在全球支付体系中的主导地位实施经济制裁与金融胁迫，使得美元不仅仅是一种金融工具，更成为地缘政治博弈的"制裁枢纽"。截至 2025 年初，美国财政部下属的海外资产控制办公室（Office of Foreign Assets Control）管理的金融制裁名单上的个人和实体已过万。这种高频率的单边制裁操作，极大地削弱了其他国家对美元体系"中立性"的信任。尤其在 2022 年俄乌冲突爆发后，美国联合西方国家对俄罗斯实施了史无前例的金融制裁——冻结了约 3000 亿美元的俄方外汇储备，并将其主要银行排除出 SWIFT 系统。这一行动被视为美元体系"司法域外化"的顶峰，直接加剧了全球去美元化的趋势。

面对这种"美元金融霸权"，越来越多的国家开始构建绕开美元的结算网络。2024 年中俄双边贸易中非美元结算比例已超过 70%，人民币与卢布成为主流结算货币。印度与阿联酋更是早在 2023 年就签署了使用卢比结算协议。巴西与阿根廷则致力于推进本币互换和本币交易，以降低对美元的依赖。这些举措标志着"美元之外的货币主权空间"正在迅速扩张。全球南方国家不再满足于被动接受美元主导规则，而是积极构建自主金融体系，以对冲美式制裁风险。

长期以来，美国得以在国际市场上以低利率持续发债，依赖的并非单一经济基本面，而是全球对美元资产的强烈需求。然而，随着中国、沙特阿拉伯等主要债权国的减持态势日趋明显，这一结构性依赖正在动摇。这些国家不再像过去那样热衷于购买美债，而是转向本币计价结算、黄金储备增持，甚至探索替代支付体系。

未来美元霸权能否持续，有赖于美国的经济基本面、财政健康程度和海外的美元资产配置需求。事实上，近年来，美国联邦政府正面临前所未有的债务压力。截至 2025 年年中，美国国债总额已突破 36 万亿美元，并仍以每年万亿级别的速度上升。在税收增长有限、财政支出刚性上升的背景下，美国的财政可持续性正面临结构性挑战。这种转向加剧了美国国债拍卖失败的潜在风险。一旦发生大规模国债认购不足，必将迫使美国财政部上调利率、缩减预算支出，甚至重塑社会保障和军费等核心开支结构。更为严峻的是，若债市动荡被市场解读为"美元信用失衡"，将对全球投资者信心造成严重冲击，美元地位将首当其冲。未来，如果美元无法维持全球投资者的信心，其货币霸权将不再牢不可破，全球金融体系也将迎来深刻重构。

10.2　稳定币与数字美元生态：新秩序的可能与代价

随着全球金融格局步入区块链和数字货币主导的新时代，美元正借由稳定币悄然实现其在数字世界中的再锚定与再扩张。以 USDT、USDC 等为代表的美元稳定币，其背后所锚定的短期美债、现金与回购协议，构建起了一个"以美债为储备的新型数字美元生态"，使得稳定币成为巩固美元金融霸权的重要支点。

"链上美元"的金融地缘价值

稳定币的核心特性在于 1:1 锚定美元，而其币值背书目前主要依靠现金与短期美债等高流动性、安全性强的资产作为储备。特别是在《GENIUS 法案》为稳定币储备资产设定明确合规标准之后，短期美债迅速成为主流稳定币（如 USDC、FDUSD、USDT）最主要的底层资产。截至 2025 年初，仅 Tether 和 Circle 就合计持有超过 1700 亿美元的短期美债，这一数字已经超过了德国、沙特阿拉伯、韩国等主权国家的美债持有量，使其位列全球第 18 大美债持有方。这意味着，即使当前稳定币的全球市值仍不足 3000 亿美元，它们对美国财政部短债市场的需求已然举足轻重。更具前瞻性的预测来自美国财政部借款咨询委员会（TBAC）；该机构在 2025 年 4 月提交给美国财政部的一份报告中推算，如果稳定币总市值到 2028 年增长至 2 万亿美元，并延续当前约 50% 的短债配置比例，将带动超过 1 万亿美元的新增短期美债需求，成为美债市场结构性、长期性的"稳定锚"。

这一趋势不仅为美元金融体系提供了一个高度灵活的全球发行机制，更构建出一个闭环式的战略金融架构，即"全球用户对稳定币的支付、结算和储值需求→驱动稳定币对美债的结构性配置→为美国财政提供稳定融资渠道→强化美元资产信用→进一步增强全球用户对稳定币的信任和使用黏性"。这种机制远非偶然，它是美债金融工程与加密金融融合的成果。美国监管机构也在尝试以法案（如《GENIUS 法案》）、审计规则和市场激励等多重手段，制度化、合法化这一逻辑闭环，确保"链上美元"在数字时代延续其主权信用优势。

结合此逻辑闭环和稳定币的定义可进一步看到，在链上世界中，以稳定币为核心的"链上美元"重构了传统金融体系中美元霸权的基础，即"铸币税+美债流通+美元支付清算体系"三位一体。首先是铸币税重构。稳定币将私人或机构的法币兑换为数字资产，由民间先行承担"铸币成本"，为美国政府创造额外货币乘数空间。其次是美债流通渠道延展。稳定币需求直接嵌入短期美债市场，将全球数字经济增长转化为美国财政部的资金来源。最后是支付清算替代体系。在 SWIFT 系统受限、地缘政治风险加剧的背景下，"链上美元"提供了一种去中介化、可组合化、全天候运行的新型跨境清算模式。这一切意味着，稳定币不仅是美元对抗加密资产竞争的反制工具，更可能成为美国重塑 21 世纪全球货币权力结构的"数字外交前线"。

未来，如果稳定币体系进一步制度化、全球化，其所代表的"链上美元"可能会成为新的金融霸权支点——它不以金本位为手段，也不靠军事同盟，而是以短期美债为信用锚、以链上资产为金融通道、以全球数字用户为市场腹地。这是美元的一次隐形重生，也可能是布雷顿森林体系的数字回声。

美债：稳定币背后的"数字黄金"

在数字经济浪潮中，短期美债正悄然承担起与过去黄金相似的职能——它既是价值锚定的工具，也是流动性管理的核心资产。随着其规模不断增长，稳定币资产结构的演进正在加速短期美债作为"数字黄金"的确立过程。

以 USDT 和 USDC 为代表的主流美元稳定币，其储备结构高度集中于 3 个月以内的短期美债。2025 年一季度审计数据显示：

USDT 超 65% 的资产为短期美债，总额约 1000 亿美元；USDC 中短期美债占比接近 40%，其余为现金与逆回购。此外，诸多美国境外的稳定币也将短期美债作为最重要的储备资产。这不仅提升了稳定币整体的安全性，也使得短期美债在链上金融体系中扮演了"数字黄金"的角色。

四重功能决定了短期美债的金融锚定地位。首先，美债特别是短期美债具有极高流动性，其交易市场是全球最活跃、最具深度的金融市场之一。对于稳定币发行方而言，美债提供了应对链上大额赎回所需的"可即刻变现性"，可确保稳定币具备近似"刚性兑付"的能力。其次，美债收益率相对稳定、风险可控，为稳定币发行方提供了持续的利差空间。相比加密货币市场的高波动资产，短期美债的年化回报虽不高，却"稳健如山"，构成了稳定币商业模式的基本盈利来源。再次，以美联储与美国财政部为背书的美债，为稳定币注入了主权信用。这在链上世界中，起到了"法币身份替代"的作用，使得稳定币在跨境结算、支付清算、储值管理等场景中具备高信用属性。最后，随着《GENIUS 法案》等法规落地，美国监管部门明确将短期美债等高流动性资产纳入稳定币合规储备范围。相较于风险资产，美债作为"可接受监管审查的储备品种"，更具政策护航效应。

从宏观金融结构来看，美元稳定币的储备结构正在构建一种"嵌入美债信用体系的数字货币网络"。这个网络以短期美债为共识基础，以稳定币为传导媒介，将美国财政部的信用延伸到了全球区块链节点、钱包、智能合约与 DeFi 协议之间，实现了美国国家信用的数字化扩散与输出。从某种意义上说，稳定币是将美国国债"铸成货币"的一种创新形式，它不仅是资产的数字表征，更是国家信用体系在链上世界的重组与迁移。

在传统金融秩序中，黄金曾是货币的终极锚定资产；而在今日的数字金融体系中，短期美债正在成为链上金融的"新黄金"。稳定币储备结构的演进本质上推动了这种锚定模式的历史性跃迁。黄金依赖自然稀缺性，美债则依靠制度信用；黄金不产生收益，美债则提供持续现金流；黄金游离于国家监管之外，美债则是主权金融工具。

应对全球去美元化的"战略反击"

布鲁金斯学会的一项研究指出，美元稳定币正在复刻冷战时期的"欧洲美元"逻辑——即美元在美国境外的非监管体系中流通，成为发展中国家规避本币贬值与外汇监管的美元替代渠道。区别在于，今日的美元稳定币依托区块链技术与加密网络，无需银行系统即可部署全球，形成去中心化美元网络。尤其在高通胀、汇率动荡、资本管制严格的新兴经济体，美元稳定币具备三大无可比拟的吸引力：无需银行账户，用户仅需一个数字钱包即可拥有"美元账户"；链上秒级到账，绕过 SWIFT 与传统清算网，交易高效、成本极低；锚定美元资产，对标短期美债、美元现金，稳定性与安全性远超本地货币。这些优势使得稳定币成为"去美元化阵营"内部，普通居民、私营企业乃至部分政府机构对外交易时的"美元替代工具"，反而加速了美元在数字金融体系中的再扩张。

美元稳定币的扩张，还具备另一项更具深远影响的战略功能：绕开传统外汇与资本流动管制。稳定币通过区块链提供的全球无国界、点对点传输机制，天然具备绕开本国金融监管框架的能力。在许多外汇紧张或资本受限国家，民众正通过稳定币将本币兑换成数字美元，存放在链上钱包中，以避险储值、进行跨境支付、投资美股或其他美元资产。这种行为并非违法，且操作门槛极低。简言之，稳定币为全球新兴市场居民打开了一扇合法、安全的美元资本账户之门：可抗通胀、避贬值；可绕监管、跨境流动；可参与美国资产配置（如 DeFi 协议、美股代币化证券等）；可在链上世界中作为"支付黄金"通行。这种"链上资本自由"是对布雷顿体系以后资本流动逻辑的根本重构：金融权力从国家转向链上协议，从银行转向钱包，从 SWIFT 转向稳定币网络。

最终，美元稳定币将不再只是 Web3.0 投资者的支付工具或加密原生资产的避风港，而将成为全球新兴市场数亿用户日常交易、跨境支付、储值保值的"数字法币"。而这意味着，尽管部分国家在官方层面努力推动去美元化，但民间却正在悄然完成"再美元化"过程——只不过这一次不是通过美联储、SWIFT、摩根大通，而是通过 Circle、Tether、链上协议、数字钱包完成。

也正因为此，美元稳定币本质上是一种"合规型毒药"——它看似提供便利、效率与透明，实则将全球用户绑定到美国资产的供需链条中。对于那些高呼去美元化、加强货币主权的发展中国家而言，稳定币可能会成为金融主权"内爆"的温柔陷阱。美国非常清楚这一点，因此在法律层面不断推动合规框架（如《GENIUS 法案》）发展，在技术层面构建以短期美债为核心资产的稳定币系统，在外交层面积极鼓励稳定币成为跨境支付新工具。在未来，美元稳定币将不只是美元的"数字外衣"，更是美国地缘金融战略的"隐形长臂管辖"工具。美国真正的应对策略，不是阻止全球逃离美元，而是用链上的"美元 2.0"——以稳定币为代表的数字金融体系，把去美元化的世界，重新拉回美元霸权的轨道。

美元稳定币扩张：系统性风险的代价

美元稳定币的全球扩张，固然为美国带来了前所未有的货币输出新路径与财政融资新渠道，表面上看是美元霸权的延伸与强化，但从更深层来看，这一新兴机制正以"嵌入式"的方式对传统美元体系构成深远的重塑，甚至可能诱发系统性风险。稳定币带来的地缘战略红利，其背后隐藏着复杂而不可忽视的金融稳定代价与政策权能削弱问题。

首先，稳定币的资产配置结构将导致久期错配，美国财政部的债务结构可能出现变化。稳定币对流动性要求极高，底层资产几乎必须为剩余期限极短、波动极小、可高频交易的短期美债（如 3 个月以内国债）。这迫使美国财政部在债务结构安排上更依赖短期债发行。然而，短债到期频率高，美国财政部每月需大规模再融资，一旦市场出现利率飙升或风险偏好下降，融资链条将承压。短期利率波动将直接传导至政府借贷成本，美债收益率曲线稳定性下降。任何信心危机或赎回潮，都会迅速反映在美国国债市场的融资压力上。即便美国财政部试图重回中长期债主导，其结构调整也会受制于稳定币对高流动性资产的刚性需求，形成制度性挤压。

其次，稳定币有可能削弱商业银行体系。法币储备型稳定币一旦成为主流支付与储值媒介，将直接与银行体系的活期存款竞争，形成"链上替代效应"。稳定币从银行体系"抽血"，压缩银行存款基础，削弱其信贷扩张能力。稳定币本质上是"全额准备金"体系，而银行系统基于"部分准备金"创造信用货币。一旦稳定币比重大幅上升，货币乘数被压缩，货币供给能力下降。长期来看，这将削弱银行的融资与放贷功能，影响美国实体经济中的资金流动，潜在引发信用收缩与金融"脱媒"。

最后，稳定币的扩张可能导致美联储的政策影响力下降。目前美联储通过公开市场操作、回购工具、利率调控等方式，控制银行间流动性，从而引导整体经济的资金成本与货币供给。然而，稳定币作为脱嵌于银行体系、运行于链上金融体系的货币形态，其运行逻辑不依赖美联储现有的政策传导机制。稳定币发行方不参与联邦基金市场，也不接受美联储逆回购操作，形成"政策孤岛"。当更多资金聚集于链上稳定币体系，联邦基金利率对实体经济与通胀的影响将显著下降。即便美联储加息或降息，也难以直接影响流通中的稳定币持有人行为。简而言之，稳定币网络的扩张，可能削弱美联储作为全球最强央行的政策调控主导力。

"数字布雷顿体系"的可能：阳谋中的"美元复兴"

随着《GENIUS 法案》等一系列针对稳定币的立法逐步推

进，美国正在以一种几乎"降维打击"的方式，在数字金融领域重塑全球货币秩序。其核心意图不仅仅是管理一种新兴的金融技术工具，更是在利用这一契机，为美元的再全球化、再中心化构建全新的架构。由此，一个被称为"数字布雷顿森林体系"的新范式或正悄然成型。

这场数字金融秩序重构，并非技术演进的自然结果，而是深思熟虑的地缘金融部署。美国政界的核心意图清晰明确：如果绕开 SWIFT 不可避免，那至少不要绕开美元；如果美元代币化不可避免，那必须确保每一枚代币都锚定美国资产。这一表述清楚揭示了美国"开放包容但牢牢控权"的战略逻辑：既不妨碍全球去中心化技术的发展，也不放弃对关键金融基础设施的主权主导。通过合法化美元稳定币，美国实际上将"美元数字化"变成了维护其全球主导地位的阳谋：在技术路径上，推动合规稳定币作为全球支付工具，在速度、安全、成本上大幅领先传统银行系统；在资产绑定上，强制以美债为稳定币底层资产，实现对财政体系的资金反哺；在监管方面，通过立法把控稳定币的"创建权与流通权"，使其运行符合美国法律体系；在国际外延方面，稳步扩展"链上美元"的使用边界，提升美元在去中心化金融世界的占比和黏性。

"数字布雷顿体系"的建立，将带来深远的全球影响。对主权国家而言，其本币金融主权可能面临空心化风险，尤其是对于新兴市场国家来说挑战巨大；对传统银行体系而言，稳定币在支付、跨境结算和储值领域的效率，将对现有银行业务构成实质性替代；对多边金融机构而言，美元在去中心化领域的主导地位将进一步扩大，国际货币合作的空间会被进一步压缩；对美国自身而言，需权衡霸权扩张与系统稳定的长期代价，避免"金融武器"反噬本国体系。

换句话说，这是一场以市场逻辑包装、以监管权力托底、以美元信用为锚的国家级金融操作。这种新秩序不仅提升了美国在国际金融舞台上的"软实力"，还让稳定币本身成为"美元复兴"的战略媒介。其影响可能与 1944 年布雷顿体系的确立、1971 年金本位的终结、2008 年金融危机后量化宽松的引入三大历史时刻并列。

第 11 章　从防御到布局：稳定币时代的中国行动

11.1　监管先行：中国应对加密货币冲击

2013 年 12 月 5 日，中国人民银行联合工信部、银监会、证监会、保监会等五部委发布了《关于防范比特币风险的通知》，这是中国监管机构首次对比特币及其交易行为作出正式政策定调，标志着国家层面关于虚拟货币的风险意识逐步增强，并开始建立监管框架。该通知明确指出，比特币是一种"特定的虚拟商品"，不具有与法定货币等同的法律地位和货币属性。换言之，它可以作为互联网商品进行买卖，但不能作为货币在市场上流通，即不得用于定价、支付、结算等货币功能场景。这一点直接划清了比特币与人民币的法律界限。此监管文件中的另一个关键点是对金融机构和支付机构设定了"禁止令"：银行、券商、保险、第三方支付等金融机构不得开展比特币相关的开户、交易、清算、结算等业务，支付宝、财付通等平台不得为比特币交易所提供充值、提现或资金通道支持。这一政策的出台，为后续中国逐步收紧相关监管打下了制度基础，也使得国内加密产业在 2013 年迎来第一次重大调整。

如第 1 章中所述，2017 年，全球加密货币市场迎来迅猛发展，比特币全年价格上涨超过 20 倍，以太币、莱特币等主流加密资产也迎来爆发式增长。在中国，加密资产的热潮带动了 ICO 这一新兴的融资方式的发展，市场通过发行代币向公众募集资金。由于准入门槛低、监管缺失、获利预期强，ICO 很快成为创业者和投机者的集体狂欢。据当时中国互联网金融协会的统计，到 2017 年年中，国内活跃的 ICO 项目超过 60 个，累计融资超过 26 亿元人民币。然而，其中大量项目并无实质产品，仅靠一纸"白皮书"就开始融资，甚至出现了以"空气币""传销币""资金盘"等方式包装的骗局，严重扰乱金融秩序并诱发系统性风险。在此背景下，2017 年 9 月 4 日，中国人民银行、中央网信办、工信部、银监会、证监会等七部委联合发布《关于防范代币发行融资风险的公告》，全面叫停 ICO 活动，并明确提出，ICO 属于未经批准的非法公开融资行为，所有正在进行的代币发行项目必须立即停止，已完成融资的项目要限期清退并退还资金，各地方金融办、公安机关要加强对违规行为的监管与打击，同时对国内主要的加密货币交易平台下达整顿令，要求它们限期关停或退出境内市场。这一公告标志着中国政府首次以联合监管形式，全线封杀 ICO 和境内数字资产交易平台。

打击的后果是立竿见影的。当时国内交易量排名前列的交易平台——火币、OKCoin、比特币中国迅速暂停人民币充值和交易服务。此后三个平台陆续宣布关闭中国内地用户的账户，并将运营主体迁往新加坡、日本、韩国等海外市场，开启"出海"模式。原本设立于中国的新兴平台币安，也在该政策出台后火速转移总部至马耳他等地，之后迅速崛起为全球最大加密货币交易平台之一。尽管监管政策有效清除了中国境内的 ICO 乱象和大部分交易平台，但投资者对加密资产的兴趣未减，"场外交易"很快成为替代路径。投资者寻求各种可以实现点对点交易的渠道，部分甚至通过"币商"完成资金兑换。监管盯紧交易平台之际，交易行为也转入更加隐蔽的灰色空间。

这一政策的出台，在重塑中国加密市场的格局之余，也在全球范围内引起了震动。它表明，中国在虚拟资产监管方面已经转向"强干预"路径，并为后续几轮整顿、"挖矿"打击和平台封锁奠定了政策基础。2018—2020 年间，中国监管部门持续加强对加密货币相关活动的监控与整治，重点打击虚拟货币非法集资、诈骗传销、交易平台"借尸还魂"等现象，预示着监管从"清理交易场所"向"防范系统性金融风险"转变。为配合监管，多家科技与支付平台也采取了行动。这些封堵措施极大压缩了"币圈"在中国境内的舆论与传播空间。

2021 年是中国加密货币监管历程中的关键转折点，标志着监管从"限制交易"走向"全面封杀"，并正式确立了国家对加密货币"零容忍"的监管态度。这一年，多个监管高压信号密集释放，最终使中国成为全球首个全面禁止加密货币交易与"挖矿"活动的主要经济体。2021 年 5 月 21 日，国务院金融稳定发展委员会召开会议，会议指出，要"打击比特币'挖矿'和交易行为，坚决防范个体风险向社会领域传递"。这是中国国务院层面首次明确提出对"挖矿"本身进行打击，显示出监管已从金融系统风险，延伸至能源消耗、环境安全和信息控制等更广泛领域。

继国务院金融稳定发展委员会发声之后，多个主要"矿区"省份迅速响应，掀起了史无前例的"挖矿"清退潮。内蒙古率先出台清理整治方案，规定对已建和在建项目一律关停，并设立群众举报渠道。新疆昌吉州、伊犁州随后关停多家大型"矿场"，原本在当地设立数据中心的大型"矿企"被迫断电。四川也发布清理关停虚拟货币"挖矿"项目的通知，对水电资源丰富的阿坝、甘孜、凉山等地的"矿场"实施断电措施。青海、云南、贵州等地亦相继宣布全面停止"挖矿"业务，取消任何"转型伪装"的产业项目申请。这些地区原本因电价低、水电资源丰富而吸引了全球大量比特币算力。清退一经实施，中国在全球比特币算力中的占比迅速从 60% 以上跌至不到 10%，导致比特币网络拥堵、交易费用激增，也引发全球"矿机大迁徙"——数十万台"矿机"被运往哈萨克斯坦、俄罗斯、美国、加拿大等地。

2021 年 9 月 24 日，中国人民银行等十部委联合发布了《关于进一步防范和处置虚拟货币交易炒作风险的通知》，这是中国历史上规格最高、打击范围最全面的一份加密货币监管文件。虚拟货币相关业务被定性为非法金融活动，即任何单位或个人不得开展与虚拟货币相关的融资、交易、信息中介、技术支持等服务。海外交易平台也被纳入打击对象，文件明确指出，境外虚拟货币交易所通过互联网向中国居民提供服务同样属于违法行为。场外交易被正式列入监管范围，此前的"灰色地带"得到正式清除。宣传推广、KOL 带货、微信群教学等形式亦被禁止，平台方

（如微博、知乎、百度）陆续屏蔽"比特币""以太坊"等关键词。数字货币"挖矿"行为被全面禁止，这不仅限于民间"挖矿"，连部分国企参与的数据中心也被调查整改。这份文件被业内称为"终结性文件"，意味着中国政府正式完成了从交易打击到生态根除的监管闭环。

该公告发布后，币安、火币等交易所陆续宣布限制或停止面向中国内地用户的新用户注册，火币甚至在当年年底前全面清退中国用户。过去的一些交易频繁被冻结，大量场外交易商关闭，用户转向更隐蔽的点对点网络或 USDT 收款。头部"矿企"如比特大陆、嘉楠耘智等"矿机"生产商将"矿机"库存转售海外，"矿场"合作方迅速转向在北美设厂。原本火热的区块链创业、去中心化应用开发、DeFi 生态、Token 设计等业务几乎一夜之间消失，纷纷转向海外注册和服务。

但是，中国政府加强加密资产交易监管的行为并不意味着它全盘否定数字资产的发展。事实上，在全面打击比特币、以太币等私人加密资产的同时，中国并未放弃对数字货币的探索，反而以国家主导的方式，推进本国央行数字货币（即 e-CNY）的研发与落地，成为全球率先进入实质性试点阶段的主要经济体之一。央行数字货币的推广，既是对"去中心化"加密货币的一种制度性回应，也体现了国家在数字金融基础设施层面的战略主导权意识。

中国人民银行早在 2014 年就设立了专门的数字货币研究所，开展对法定数字货币的顶层设计与技术研究。与比特币、以太坊等基于"去中心化"的公有链不同，e-CNY 采用"双层运营体系",即央行向商业银行发行数字货币,由银行再向公众投放,实现货币的"中心化可控＋市场化分发"。

从 2020 年 4 月起,e-CNY 在深圳、苏州、雄安新区、成都等地展开封闭测试。测试形式包括:向市民发放"数字人民币红包"进行消费测试;在商超、地铁、医院等多个场景实现扫码支付;与支付宝、微信支付等移动支付方式并列,进入大型零售系统(如京东、美团、滴滴)的支付接口。e-CNY 的设计坚持"可控匿名、可追溯、防洗钱"的核心原则,区别于传统匿名性强、交易难以监管的加密货币。推动数字人民币的本质目标之一,是以国家信用背书的法定数字货币取代比特币、USDT 等私人发行的"类货币"资产的流通空间,从而捍卫货币主权与金融安全。

11.2 香港试验田:稳健开放的稳定币发展路径

中国香港作为全球领先的国际金融中心,近年来在虚拟资产与数字金融领域不断深化政策布局。正如前面章节中所提到的,随着《稳定币条例草案》的通过,香港特别行政区正式确立了稳定币的合法地位和监管框架。这不仅标志着其对数字资产由审慎观望转向积极接纳,也意味着香港试图将稳定币打造为其新一代金融基础设施的核心组成部分。在这一进程中,香港将合规、安全、透明与金融创新相结合,走出一条区别于欧美、服务于本地经济与国际战略需求的"稳健开放"路径。

数字化传统资产：金融市场的结构性升级

香港正积极推动本地传统金融资产的数字化转型。以锚定港元的稳定币为媒介，能够有效提升传统资产的流动性、透明度与交易效率。这种以区块链为底层技术、稳定币为载体的结构性改造，有望降低传统金融系统的交易摩擦和参与门槛，增强资产跨市场流通能力，拓展其国际化边界。

当前稳定币发展所面临的核心瓶颈并非"谁来发行"，而是"谁来使用"。如何将稳定币嵌入现实世界资产的确权、发行与交易流程，是香港能否脱离"美元稳定币影子"路径、建立独立生态的关键。

香港具备得天独厚的现实世界资产发展土壤——成熟的资本市场、严格的法律体系、国际化的金融机构网络。以港元稳定币为流动性中介，推动本地债券、商品、基金甚至不动产的数字化、代币化，将是稳定币应用在地化发展的最现实路径之一。在绿色债券、房地产权益、供应链融资等场景，数字化将传统静态资产"上链"，实现资产分拆、实时结算、全球清算等功能，进一步巩固香港在全球金融创新中的制度优势。香港特区政府此前已成功发行代币化绿色债券，这为后续更多实物资产链上映射提供了制度先例。

而在全球 Web3.0 发展的下一阶段，现实世界资产将成为虚实融合的桥梁。稳定币若能在此过程中扮演价值锚定器与交易媒介的角色，不仅可推动传统资产"上链"，也可吸引更多机构和用户参与区块链生态。港元稳定币因此或可成为打通实体经济与数字金融的战略接口。

离岸人民币稳定币：扩展全球支付与融资能力

虽然香港特区政府对稳定币的监管初期主要聚焦于港元，但开放包容的监管框架为人民币稳定币的探索留出了制度空间。香港作为全球最大的人民币离岸中心，拥有成熟的清算系统、跨境连接网络及政策协调机制，是人民币稳定币落地与测试的理想平台。

在当前全球美元主导的跨境支付体系中，许多新兴经济体存在结构性的美元短缺。离岸人民币的兴起为这一问题提供了替代路径。香港若能率先建立离岸人民币稳定币（如 CNH Stablecoin）体系，配合其在跨境支付与贸易结算方面的传统优势，将极大拓展人民币的国际使用场景。

稳定币机制下，人民币可通过链上协议快速完成结算，免去银行开户、清算时间长等痛点；若进一步叠加支付巨头、电商平台等应用场景，将实现人民币的"无银行化"流通。同时，通过双币抵押（人民币＋美元）等模式，还可构建汇率中性、低波动性的金融产品，增强稳定币的收益能力与应用黏性。未来，离岸人民币稳定币甚至可以成为境外代币化人民币债券、供应链金融和数字资产交易的核心工具，从而推动人民币资产的国际化发行与流通。

人民币稳定币若能在香港成功发行并被广泛接受，将大幅拓宽人民币在全球支付与投融资中的角色，并为"一带一路"沿线

254

国家和地区提供更高效、低成本的结算解决方案。这不仅有助于人民币国际地位提升，也可能在中美金融竞争格局中，为中国构建"类 SWIFT"的自主支付生态体系提供跳板。

技术外溢效应：为内地区块链应用创造正外部性

尽管中国内地目前对加密货币仍持高度审慎态度，但对区块链底层技术的支持始终未变。香港特别行政区的稳定币立法尝试为区块链商业化提供了完整的合规范式，也间接为内地企业技术路径的选择提供了现实样本。

随着稳定币测试场景在香港不断扩展，内地企业有望在数据安全、智能合约、身份认证等关键技术领域，寻找"合法出口"或合规合作的方式，从而加快区块链在贸易金融、数据存证、跨境结算等领域的场景落地，进一步增强中国在 Web3.0 全球竞争中的技术厚度与规则制定能力。

11.3　内地路线图：稳步审慎推进数字稳定币

2025 年 6 月，中国人民银行行长在陆家嘴论坛上提到，"区块链和分布式账本等新兴技术推动央行数字货币、稳定币蓬勃发展，实现了支付即结算，从底层重塑传统支付体系，大幅缩短跨境支付链条，同时也对金融监管提出了巨大的挑战。智能合约、去中心化金融等技术也将持续推动跨境支付体系的演进和发展"。

尽管中国政府一直对私人加密货币（如比特币、以太币）持严格的监管立场，但对于"法币锚定"的稳定币，尤其是与人民币等法定货币挂钩的稳定币，未来的监管框架可能会逐步放宽。稳步推进的央行数字货币（数字人民币），与稳定币的开发和使用将形成互补关系，中国监管机构正在逐步适应这一技术带来的挑战。

近年来，尤其是数字人民币的跨境支付应用逐步展开，中国通过推动人民币国际化和数字货币的广泛应用，希望在国际支付领域获得更多话语权。稳定币（特别是以人民币为锚定的稳定币）作为高效的跨境支付工具，未来将成为中国金融开放和国际化的重要推动力。

随着稳定币在全球支付、贸易结算中日益广泛的应用，中国监管部门面临着如何在确保金融安全、打击洗钱和非法融资的同时，促进创新发展的难题。中国内地对稳定币的监管态度未必完全放松，但可能可以通过更多的监管框架和技术创新，促进其与全球数字资产市场的接轨。中国政府可以在进一步发展数字人民币和稳定币的过程中，探索如何在合规框架下利用 DeFi 的优势，从而更好地推动跨境支付、数字资产交易等领域的革新。

推进立法：为数字货币的规范化奠定基础

随着全球对法币数字稳定币需求的激增，中国正面临新一轮国际货币竞争的挑战。在全球市场，美国、日本等国已陆续推出稳定币监管框架，中国应主动出击，提前布局，推动相关立法，抓住数字货币未来发展的机遇。

美国等地的稳定币监管规则和中国香港关于稳定币监管的立法探索，尤其是在合规性、风险管理、资本流动等方面的具体要求，为中国全面且系统的稳定币立法提供了有益的参考。中国应尽快启动稳定币的立法工作，并从中长期角度设计加密货币整体监管框架，采取分层次、分阶段的立法方式，为 Web3.0 金融提供一套全面的监管路径。具体来说，国内法律框架可以要求境内机构在境外发行离岸人民币稳定币时，不仅要遵循发行地的监管规定，还需符合国内的风险管理、储备管理及资本流动等要求。这一举措将有效保障境内外稳定币市场的监管合规，确保跨境金融活动的可控性。

对离岸人民币稳定币的监管

随着全球加密货币市场和稳定币的蓬勃发展，必然会有更多的境外机构开始发行与人民币挂钩的稳定币，这些稳定币大多数都基于离岸人民币（CNH）。Tether 公司在 2019 年就推出了 CNHT 代币，其声称每枚 CNHT 由等值的离岸人民币储备支持，储备包括传统货币和现金等价物，托管在未公开的机构中。CNHT 已在以太坊和 Conflux 两条公链上发行，其中 Conflux 是由树图科技推出的国内唯一通过工信部认证的合规公链。Tether 公司每日发布流通量数据，每季度发布储备报告，但具体审计机构和储备细节披露有限，引发一定争议。它通过在香港等离岸市场发行的稳定币，推动了人民币在国际市场中的流动性，并为全球支付、贸易结算和资产交易提供了新的解决方案。CNHT 的成功流通表明，尽管中国内地禁止加密货币及相关业务，但境外发行的人民币稳定币并未受到中国监管的限制，能够在合规的框架下实现广泛流通。

对于此类境外机构发行的离岸人民币稳定币，中国应通过备案注册的方式，建立一套相对透明、可追溯的监管机制。具体而言，可以要求境外机构在发行离岸人民币稳定币时向中国的监管机构进行备案，提供详尽的发行说明、储备资产证明、合规审计报告等，确保其发行行为符合国际金融标准，并且在全球金融体系中能有效支撑人民币的国际化。备案注册制度不仅能确保离岸人民币稳定币符合监管要求，还能对市场进行有效的监控，防止滥发、不透明的操作，保障全球人民币流动的稳定性和安全性。

审慎对待境内人民币稳定币

尽管人民币稳定币在跨境支付、贸易结算和数字经济发展中展现出巨大潜力，但对于面向境内主体发行的人民币稳定币，中国监管部门应保持高度审慎的态度。

在境内推出人民币稳定币，可能冲击现有货币体系与金融中介职能。若稳定币发行主体并非央行，其信用背书、货币发行权与流通机制将与央行数字货币（如 e-CNY）形成潜在竞争关系，削弱央行对货币政策的调控能力。人民币稳定币若与链上金融产品（如借贷、杠杆、衍生品等）结合，可能在绕过资本账户监管的前提下被用于跨境资产转移，带来资本流出压力。当前国内投资者金融素养水平参差不齐，若缺乏有效监管，稳定币相关的

"类金融产品"可能诱发诈骗、违规担保、虚假资产锚定等问题，损害消费者权益。一旦稳定币体系形成较大规模，但其底层资产管理、兑换机制或储备透明度不足，将可能在金融市场波动中引发挤兑与信任危机。

因此，稳定币监管的推进应与金融开放、人民币国际化、资本项目可兑换等战略进程协同安排。一方面，在资本账户尚未全面开放、资金流动仍有较多限制的背景下，稳定币若无监管约束，极易成为套利通道，带来宏观调控风险。监管机构可以设立高门槛的发行资质审核制度，仅允许符合信息披露、资产储备、技术安全等多项要求的金融机构试点发行，同时可以采取要求发行人实行等值法币100%储备、定期审计、链上可验证等措施，确保兑付能力。初期可将人民币稳定币的用途限定于特定领域，如跨境电商、试点区域内支付等，防止泛化使用。

国际上对稳定币监管已有诸多实践值得借鉴。中国可根据自身制度特点，逐步引入与本国实际相契合的监管机制。可以借鉴 MiCA 框架，完善发行人责任与清算安排；学习新加坡等地的"监管沙盒"机制，先行试点后评估推广；推动金融基础设施与区块链技术接轨，加强稳定币的链上合规审查能力；注重跨部委协作，由央行、金融监管总局、证监会、网信办等多部门共同制定稳定币的分类监管指引。只有在确保金融安全和消费者权益的基础上，融合国际经验、技术实践与法治建设，才能为人民币稳定币的发展提供一个健康、透明、可持续的生态环境。

选定特定区域做试点：推动区域创新与金融协同

为确保锚定人民币的稳定币在可控范围内实现合规、安全、有序的发展，中国可采取"区域试点、分步推进"的策略，优先选择具备金融开放基础、监管能力强、跨境业务活跃的重点区域开展先行先试。这不仅有助于在小范围内探索可复制、可推广的监管机制，也可以为后续全国范围内的制度建设积累经验和数据支持。

大湾区金融科技协同

在政策的有力驱动下，香港与内地的金融科技协同发展正在为稳定币的应用提供独特的机遇。大湾区作为全球经济一体化的热点区域之一，汇聚了香港、广州、深圳等经济中心，并且在科技创新、金融服务及跨境贸易等领域具备独特优势。通过稳定币与区块链技术的深度融合，大湾区有望成为全球金融科技领域的重要中心，推动跨境支付、贸易融资和供应链金融等业务的发展。

其中，香港作为全球重要的国际金融中心，拥有完善的金融基础设施和灵活的合规制度，能够为大湾区企业提供稳健的合规保障。香港的金融监管环境透明且具有国际化特点，为金融科技创新提供了宽松的政策环境。同时，香港金融管理局等监管机构在虚拟资产和稳定币的监管方面已取得重要进展，确保了相关业务的合规性和安全性。

通过香港的合规体系，内地金融科技企业可以借此开展稳定币业务并吸引全球资本和用户。例如，内地的金融科技公司可以利用香港的稳定币市场，进入全球其他区域，尤其是亚洲及"一带一路"沿线国家市场。这种国际化布局不仅有助于增强企业的竞争力，还能推动大湾区企业的全球化发展。

海南自由贸易试验区的试验作用

海南自由贸易试验区作为中国唯一的全岛自由贸易港，在国家战略中被赋予了前所未有的开放权限和制度创新空间。其相对独立的地理环境、灵活的政策安排以及与境外互动频繁的经济特征，为法定数字货币及相关金融科技提供了理想的试验平台。通过在海南开展法定数字货币和稳定币的应用，监管机构可以在可控环境下观察与完善相关的监管框架和技术水平。

海南自由贸易试验区可借鉴香港"监管沙盒"的成功经验，引入监管包容性制度安排，允许合规金融机构、科技公司在特定监管框架下开展创新金融产品测试。特别是在稳定币、智能合约支付、链上身份认证等方面，海南自由贸易试验区可以成为 Web3.0 技术与合规金融结合的"先行区"。例如，可以允许在海南自由贸易试验区注册的支付机构或跨境平台，在满足风险可控、信息可追溯、客户实名验证的前提下试点锚定人民币的稳定币用于特定跨境支付，探索数字人民币与港元、东盟国家数字货币之间的兑换与互操作，实施基于区块链的贸易融资、保税支付解决方案。这种"限定范围、可控风险、分阶段推进"的创新机制，有助于积累实践经验，为在全国范围推广人民币稳定币提供数据和路径参考。

海南的自由港制度设计允许其在货物、资本、人员流动等方面实现较高自由度，为发展离岸金融与数字资产管理创造了天然条件。未来，海南自由贸易试验区可以围绕数字人民币与港元／美元稳定币的双向兑换试点、以人民币计价的数字资产托管与交易机制和服务外贸企业的离岸人民币结算通道，推动形成在岸监管与离岸市场的有效衔接，提升人民币在全球贸易和资产配置中的吸引力，从而拓展人民币的国际使用空间。

海南自由贸易试验区还可以进一步吸引国际支付机构、数字银行、金融科技企业入驻，共同打造具有国际竞争力的数字金融生态，通过跨境金融沙盒、链上身份认证、智能合约支付等技术手段，为全球投资者与企业提供安全、低门槛、高效率的数字金融服务。这不仅有助于提升海南自由贸易港的国际影响力，也将带动中国在全球数字金融秩序构建中的"制度性话语权"，在全球金融科技竞争中占据先机。

上海自由贸易试验区的创新试点

上海自由贸易试验区自设立以来始终肩负着国家金融制度创新的先锋使命，尤其在跨境金融、资本开放、人民币国际化等方面积累了丰富的试点经验。当前，随着全球稳定币发展日趋成熟，Web3.0 金融和数字资产加速演进，上海自由贸易试验区有条件成为在岸人民币稳定币的试点中心，在确保金融安全的前提下，探索数字资产与法币体系协同发展的新路径。

目前上海自由贸易试验区已经具备多个有利于开展人民币稳定币试点的制度优势。自由贸易账户（FT 账户）制度通过账户分离、电子围网等机制，有效实现了资本项目的"可兑换、可监管"，具备天然的资金隔离与合规框架，可为人民币稳定币构建可控的资金池。目前已经实施的跨境金融便利化机制逐步成熟，包括双向跨境资金池、自由贸易债券发行、离岸人民币业务创新等制度，为人民币稳定币的跨境清算与资金进出提供了可参照模板。

此外，作为国务院直管的制度创新试验区，上海自由贸易试验区在金融监管沙盒、技术合规测试等领域拥有较强的灵活度，适宜探索与央行数字货币并行发展的金融科技创新机制。试点期间，上海自由贸易试验区可探索建立"许可式人民币稳定币发行体系"，由央行授权特定金融机构（如国有大行、股份制银行、持牌支付机构）作为稳定币发行人，采用 100% 法币准备金模式锚定人民币。通过限定人民币稳定币资金用于特定金融场景，如跨境结算、供应链支付、数字券商结算等，防止脱实向虚和非法炒作。

在试点成功的基础上，上海自由贸易试验区的人民币稳定币未来还可作为中国参与全球稳定币规则制定的重要载体。人民币稳定币可以服务"走出去"企业的跨境结算，为海外分支机构提供低成本、高效率的人民币计价结算工具。在与海外稳定币／数字法定货币实现互换操作方面，可探索与中国香港、东盟、阿联酋等地区稳定币开展跨链结算测试，推动全球支付网络中的人民币节点建设。还可以以合规人民币稳定币为基础，提升中国在国际货币基金组织、国际清算银行等全球金融组织中对数字资产治理规则的影响力。

若上海自由贸易试验区稳定币试点成功落地，将进一步巩固上海作为全球数字金融中心的地位，吸引全球优质金融科技企业和资金资源汇聚，带动链上支付、跨境投融资、数字身份、资产证券化等金融科技赛道的协同发展。

推动支付系统升级迭代：构建多功能数字货币生态

中国的移动支付技术全球领先，支付宝和微信等支付平台已经深深渗透消费者的日常生活。国内的大型第三方支付机构具备区块链技术的先发优势以及完善的基础设施，拥有庞大的用户群体，并在跨境支付中积累了丰富的应用经验。因此，中国政府可以鼓励国内支付平台提前进行稳定币的研发，并推动其在支付系统中广泛应用。

数字人民币与稳定币的互补性

在当今数字金融快速演进的大背景下，央行数字货币与合法合规的人民币稳定币并非彼此对立的存在，而应视为功能互补、定位差异的双轨制工具，共同构成中国数字货币战略的核心组成。

数字人民币（e-CNY）由央行直接发行，具备国家信用背书，其首要目标是提升法定货币的支付效率、安全性和可控性，主要用于零售支付、公共缴费、财政补贴等普惠性场景。未来合规的人民币稳定币预计由商业机构发行，锚定人民币资产或准备金，通过区块链技术提供可编程性、跨链互操作性、去中介化交易能力，在 Web3.0、数字资产交易、跨境电商等领域具有天然优势。两者联动，可以在不削弱法定货币主权的前提下，释放市场创新活力，拓展人民币在全球数字经济中的应用边界。

在跨境支付领域，数字人民币尚处于多边合作与技术试点阶段，但人民币稳定币已具备通过链上机制实现 7×24 小时结算、降低中间成本的能力。未来可以由稳定币优先开拓新兴市场（如中东、非洲、东盟）数字支付场景，实现人民币交易"落地先行"，再由央行数字人民币逐步接入清算环节，实现支付主权统一与资金全流程监管。通过构建基于区块链的人民币稳定币跨境支付平台，可以缩短结算链条、降低外汇转换成本、提升小额贸易便利性，特别适用于与"一带一路"沿线国家的经贸往来以及数字贸易生态的打造。

推动支付平台创新：构建合规开放的下一代支付基础设施

在央行引导和监管支持下，合法稳定币的引入将成为撬动支付平台二次升级的重要契机，推动支付系统向更高效率、更强开放性和更强互通性的方向演进。以支付宝、微信支付等平台为例，可探索在现有 App 框架内嵌入"稳定币账户"，实现法币账户与稳定币账户的自由切换。支持人民币稳定币、数字人民币、港元稳定币甚至跨链美元稳定币的多币种钱包，将为用户提供全球一体化的支付体验。

稳定币具备天然的智能合约能力，可用于构建链上支付、自动结算、实时清分等功能，推动平台向"支付即合约"的服务体系演进。借助稳定币作为中间媒介，国内支付平台有望拓展至更多海外市场，服务中国企业全球业务布局与电商跨境结算需求，构建"人民币—稳定币—外币"的快捷通道。在创新的同时，政府也应同步推动监管沙箱、链上审计机制、地址风险评分系统等工具的落地，为支付平台创新创造安全可控的监管环境，实现创新与合规的动态平衡。

　　数字人民币与稳定币的协同发展，是中国构建全球领先数字货币体系的关键一步。这一体系的完善，不仅将增强人民币的全球使用基础，也为中国在全球数字经济竞争中赢得制度优势与技术主动权奠定基础。

结语　稳定币的金融革命，尚在黎明前夜

　　稳定币的故事，是技术、金融、监管、地缘政治，乃至人类信任结构博弈的一个缩影。2009 年，中本聪播下比特币的种子，意图使其成为数字现金。2011 年，莱特币（Litecoin）做了技术层面的轻量化改进，提高交易效率，尝试成为替代比特币的支付工具。2013 年狗狗币（Dogecoin）和 2024 年佩佩币（Pepecoin.org）打开了发行上限，以更好适应支付的需求。然而，这些传统的虚拟货币仍不可避免地面临币值波动的问题。直到 2014 年 Tether 开启"加密美元"的想象，稳定币成了可能的新的应对方案。再到今天 USDT、USDC 的万亿市值级别流通、PayPal 与 Visa 的正式入场、特朗普家族亲自发行 USD1……稳定币已从"投机边角料"跃升为全球金融体系中一个不可忽视的变量。

　　但这场革命还远未终结，它才跨过早期采纳的拐点，正要步入制度博弈与产业重塑的主战场。

稳定币是"美元"的新皮肤，还是新世界的基底

从本质上看，稳定币将传统货币映射到区块链世界，构建了数字世界与现实金融之间的桥梁。但这并不意味着它们只是"链上的美元"——它们正成为一种更快、更透明、更可编程的货币形态，一种由市场驱动的民间"数字央行"实践。

未来十年，如果美国财政部允许某些稳定币进入国债发行渠道，如果新兴国家央行允许本币稳定币跨境流通，如果全球主要企业（从沃尔玛到蚂蚁集团）将稳定币嵌入各自的支付生态，那么稳定币所引发的变革，将不亚于"信用卡革命"与"SWIFT标准"所带来的影响总和。

监管不是终点，而是重塑的开始

2024年以后，全球稳定币监管进入密集落地期。从美国的《GENIUS法案》到欧盟的《MiCA法案》，再到中国香港、日本、新加坡的专法细化，稳定币正在获得一个个"合法身份"。这将筛选出真正有资本、合规能力、运营水平的参与者，也将倒逼现有巨头向更公开透明的方向转型。

但更重要的是，合规的确立，将为稳定币全面进入银行、支付、投资、保险、主权基金等系统打下基础。这一进程，就如同互联网公司必须通过电信牌照进入宽带基础设施一般，将开启稳定币的"金融主权结构重构期"。

稳定币不是加密行业的"辅助产品",而是金融未来的先行者

在 Web3.0 的广袤荒野中,99% 的项目或许只是泡沫,但稳定币是其中最具现实黏性、制度可塑性与商业可复制性的核心产品。

它既服务于比特币的流动性,也支撑了以太坊生态的价值体系;它既是美债利率的全球搬运工,也是 Web3.0 工资、DApp 订阅、游戏内经济的稳定引擎;它既挑战传统金融的效率低下,也为其注入新的"数字脉搏"。

稳定币,是区块链世界的"价值锚定时刻",也是现实世界的"价值重构试炼"。

我们正站在这个双重世界的交汇点。谁能主导稳定币的合规路径、货币网络与用户终端,谁就将在未来数字经济中,占据货币主权与金融平台的双重制高点。

风起于青萍之末。我们或许尚在黎明前夜,但曙光已然可见。

图书在版编目(CIP)数据

稳定币 ：数字金融的未来 / 高华声，林雅恒著.
上海 ：格致出版社 ：上海人民出版社，2025 (2025.10 重印). -- ISBN
978 - 7 - 5432 - 3704 - 9

Ⅰ. F713.361.3

中国国家版本馆 CIP 数据核字第 2025FK1601 号

责任编辑 程筠函
封面装帧 仙境设计

稳定币:数字金融的未来
高华声 林雅恒 著

出	版	格致出版社
		上海人民出版社
		(201101 上海市闵行区号景路 159 弄 C 座)
发	行	上海人民出版社发行中心
印	刷	上海盛通时代印刷有限公司
开	本	890×1240 1/32
印	张	8.75
插	页	2
字	数	187,000
版	次	2025 年 8 月第 1 版
印	次	2025 年 10 月第 4 次印刷

ISBN 978 - 7 - 5432 - 3704 - 9/F • 1647
定 价 80.00 元